Ulrich Beer

Ein lieber Mensch hat uns verlassen

Ulrich Beer

Ein lieber Mensch hat uns verlassen

Und doch geht das Leben weiter

Ariston Verlag · Genf

CIP-Kurztitelaufnahme der Deutschen Bibliothek

Beer Ulrich:
Ein lieber Mensch hat uns verlassen : u. doch geht d. Leben weiter / Ulrich Beer. – Erstaufl. – Genf : Ariston Verlag 1986.
ISBN 3-7205-1381-5

In Zusammenarbeit mit Meyerpress, Salzburg / Zürich

Schutzumschlaggestaltung:
H.+C.Waldvogel, Grafik Design, Zürich
Gesamtherstellung:
Carl Ueberreuter, Druckerei Ges. m. b. H., Korneuburg
Erstauflage August 1986
Printed in Austria 1986

ISBN 3-7205-1381-5

Inhalt

Vorwort

Irgendwann erlebt jeder von uns den Verlust eines Menschen, der ihm nahestand. Was hat er uns alles bedeutet? Wieviel Gemeinsames haben wir erlebt? Was hätten wir ihm noch sagen wollen? Wie können wir ohne ihn weiterleben? Und doch muß es sein. Das Leben geht weiter. Der Alltag fordert sein Recht, und auch die Mitmenschen bedürfen unser.

Trauer ist menschlich und verlangt viel Kraft, Tiefe und Ehrlichkeit. Mit ihr verarbeiten wir Schmerz und Verlust, um dann reifer und innerlich stärker daraus hervorzugehen. Niemand hat uns gelehrt, mit Verlusten zu leben, auf den Ernstfall sind wir nicht vorbereitet. Diese Vorbereitung und die aufrichtende Hilfe für den Fall aller Fälle will das vorliegende Buch geben. Es ist als Hilfe für den gedacht, der einen schweren menschlichen Verlust erfahren hat. Mag dieser in einem Abschiednehmen für immer durch den Tod oder in der Trennung (insbesondere auch Scheidung) von einem einst geliebten Menschen bestehen. Unsere Psyche beurteilt beides ähnlich, und es stellen sich nahezu die gleichen Empfindungen und Reaktionen ein. Daher schließt das hier Gesagte – selbst wenn nun weiterhin nicht immer ausdrücklich darauf verwiesen ist – jene ebenso ein, die sich nach einem Stück gemeinsamen Weges von ihrem Partner lösen mußten.

Solchen tiefgreifenden Veränderungen möchte das Buch den ausschließlich negativen Charakter nehmen, es will zum positiven Denken ermutigen und ist dem Leben zugewandt.

Ulrich Beer

In dankbarem Gedenken an

Hans Christ
Matthias Weber
Maria Simmon-Kaiser
Horst Seiffert

die im letzten Jahr der Tod mir nahm

1
Niemand ist ganz allein

Wir haben mehr Freunde, als wir denken

»Abschied ist ein scharfes Schwert, das ach so tief ins Herz dir geht.« Mit seinem scharfen Schwert teilt der Tod die Zweisamkeit, indem er uns von einem lieben Menschen trennt. Wir fühlen uns nur noch als halber Mensch, wie leergebrannt. Das Herz scheint ausgeblutet. Nichts und niemand vermag uns aufzurichten. Die Hoffnung auf neue Stunden voller Gemeinsamkeit wird verdrängt, der Gedanke daran schmerzt viel zu sehr.

Dennoch gilt es, sich mit der Vergangenheit bewußt auseinanderzusetzen, um an ihr nicht verzweifeln zu müssen. Zunächst aber liegt sie wie ein großer Schatten über unserem ganzen Dasein. Auf Schritt und Tritt verfolgt sie uns, in jedem Raum erinnern uns Dinge an den Verstorbenen: Dort steht der Schaukelstuhl, in dem er oft saß und zuhörte, wenn die Familie mit ihren kleinen und großen Sorgen zu ihm kam. Und niemand ging ohne ein gutes Wort. Wir sehen aus dem Fenster: Der Garten, den er besonders liebte, wenn die Blumen im Frühjahr aufblühten. Und dies alles soll nun ein für allemal vorbei sein?

Verwandte, Freunde und Bekannte möchten dem oder der Trauernden gerne Trost zusprechen und ihm in seinen schweren Stunden helfen; doch Worte sind sinnlos, er – oder sie – würde sie nicht hören. Das Leben muß weitergehen, wie, das weiß der Hinterbliebene allerdings noch nicht. Alles braucht seine Zeit, so muß er sich jetzt zuerst einmal an das Alleinsein gewöhnen. Denn bisher hatte er alle seine Entscheidungen mit dem Partner besprochen, die Abende und Wochenenden mit ihm verbracht, die nun endlos lang scheinen.

Nach dem Tod ihres Mannes meinte Martha, diesen Verlust nie überwinden zu können. Es war das Schwerste für sie, sich selbst einzugestehen, daß das Glück mit diesem Mann nun für immer von ihr gegangen war. Kinder, Enkelkinder oder Freunde konnten ihn nicht ersetzen. »Ihr könnt mir doch nicht helfen«, wandte sie stets ein, wenn sich jemand um sie sorgte und bemühte. Verletzt ließ man sie allein. Bis Martha eines Tages mit einer schweren Grippe das Bett hüten mußte. Ihre Kinder wohnten in einem weiter entfernten Ort und konnten sich nicht täglich um sie kümmern.

Wie selbstverständlich kam jeden Tag eine Nachbarin, die von der Krankheit erfahren hatte, und bot ihr spontan ihre Hilfe an. Sie bereitete ihr die Mahlzeiten, kaufte ein und hielt die Wohnung in Ordnung. Eine Freundin, die sich durch Marthas Verhalten etwas brüskiert gefühlt hatte, machte sich trotzdem gleich auf den Weg zu ihr und blieb sogar ein paar Tage, damit Martha nachts nicht allein war. Auch andere Bekannte standen Martha zur Seite. Jeden Tag erhielt sie einen Besuch, einen Strauß Blumen oder einen Anruf. Etwas beschämt, doch dankbar und überglücklich nahm Martha diese Anteilnahme an. Noch vor einigen Tagen hatte sie gar nicht mehr leben wollen, denn zu der körperlichen Schwäche kam noch ihre seelische Verfassung, die seit dem Tod ihres Mannes einfach miserabel war. Nun aber blühte Martha, dank der selbstlosen Hilfe ihrer Bekannten, zusehends auf.

»Ich hatte verbohrt in den Tag hinein gelebt und war taub für eure Ratschläge«, gestand sie. »Jetzt ist mir erst klargeworden, was eine echte und gute Freundschaft ausmacht. Ich bin froh, daß ich auf euch zählen kann. Ich habe euch fortgeschickt, doch ihr seid wie selbstverständlich wieder zu mir gekommen, als ich Hilfe benötigte. Dafür bin ich euch dankbar.«

Es nützt nichts, wir müssen uns an den Gedanken gewöhnen, daß es weder Garantie für noch Anspruch auf ein Glück gibt, das wir nur mit dem Verstorbenen erleben zu können meinen. Wir müssen lernen, uns zu bescheiden. Nur so finden wir wieder Freude am Leben. Wir müssen lernen, uns der Realität zu stellen. Das bedarf eines langen, ganz bewußten Einübens. Um erneut Verantwortung für uns selbst und andere zu übernehmen, brauchen wir Selbstvertrauen, das uns Zutrauen zu der Welt und den Menschen in unserer Umgebung verleiht.

Erst im Leid wird uns klar, daß wir Freunde und Mitmenschen ebenso benötigen, wie wir den Verstorbenen benötigten. Viele Menschen haben die guten Seiten anderer verkannt oder wollten sie gar nicht sehen, weil sie zu sehr mit sich selbst beschäftigt waren, vielleicht auch, um einfach ihre Ruhe zu haben, weil die Zweisamkeit sie vollkommen ausfüllte. Das kommt vor allem bei älteren Ehepaaren häufig vor.

Da ist ein pensionierter Beamter, seit einigen Wochen Witwer, der seit über zehn Jahren ein Reihenhaus bewohnt und mit den Nachbarn kaum Kontakt gesucht hat. Nach dem Tod seiner Frau bietet eine Nachbarin spontan ihre Hilfe an. Ein anderer Nachbar möchte ihm die Einsamkeit vertreiben helfen, indem er ihn zu einer Partie Schach in sein Haus einlädt. Verlegen, aber dennoch freudig nimmt er die freundlichen Gesten an. Nein, die Leute haben sich nicht geändert. Sie hatten wohl bemerkt, daß das Ehepaar lieber für sich blieb, und wollten sich nicht aufdrängen. Jetzt möchte er die freundlichen Nachbarn nicht mehr missen. Zu der Partie Schach, die beide Herren nun regelmäßig spielen, kam ein wöchentlicher Skatabend hinzu, bei dem der alte Herr sogar noch weitere Menschen kennenlernte, die ihm wert und lieb geworden sind.

Eine Sekretärin ereilt das gleiche Schicksal. Als ihr Mann stirbt, kommt gerade jene Kollegin auf sie zu, die ihr stets weniger sympathisch war. Die Kollegin nimmt sich ihrer an, spricht ihr tröstende Worte zu und steht ihr bei, als sie wegen ihrer derzeit mangelnden Leistungen gerügt wird. So wird die Kollegin sogar zu ihrer Freundin. Wenn von den Menschen Hilfe kommt, von denen wir es am wenigsten erwarten, freut uns das doppelt.

Einen Partner zu verlieren, muß nicht Einsamkeit zur Folge haben. Wir brauchen nur die Worte und Gesten anderer Menschen verstehen zu lernen und anzuerkennen. Verschließen Sie sich nicht, sondern seien Sie offen für Gespräche mit Ihren Mitmenschen! Wer einen lieben Menschen verloren hat – durch dessen Entscheidung oder durch den Tod –, kann trotzdem etwas Neues gewinnen, das Leben kann in uns aufs neue beginnen. Jeder Mensch ist von Natur aus mit großer Empfindsamkeit ausgestattet. Trotzdem dürfen wir nicht warten, bis unsere Mitmenschen auf uns zugehen. Tun Sie ruhig den ersten Schritt, indem Sie sich ebenso für die Sorgen und Probleme anderer interessieren. Sie werden in Menschen Freunde entdecken und gewinnen, bei denen Sie es kaum für möglich hielten. Der Kontakt mit anderen hilft uns, an uns selbst zu arbeiten. Denn: Geteiltes Leid ist halbes Leid.

Das größte Verständnis für die eigene Lage finden wir wohl bei denen, die ähnliches erlebt haben. Es gibt zwar Veröffentlichungen über das Thema »Partnerverlust«, aber einem Trauernden sind sie keine wahre Hilfe. Viele Menschen warten darauf, sich mit Gleichgesinnten aussprechen zu können. Wie erreichen wir sie? Zunächst besteht die Möglichkeit, im eigenen Bekanntenkreis interessiert zu fragen, wer Hilfe in einer ähnlichen Situation benötigt. Dies kann geschehen, ohne aufdringlich zu wirken. Zuweilen finden wir in der Zeitung eine Anzeige von alleinstehenden und einsamen Menschen, die Gesellschaft suchen. Das half schon vielen und führte sie zusammen. Denn nur wenige bringen von sich aus den Mut auf, andere anzusprechen.

Die Erkenntnis, wie wichtig es ist, gute Freunde zu haben, kommt nicht selten zu spät. Guten Freunden gegenüber können wir ganz wir selbst sein. Ein Freund ist in der Lage, Sie zu »bemuttern«, wenn Sie diese Art Hilfe gerade benötigen. Menschen, die sich Ihrer Probleme annehmen und versuchen, sie mit Ihnen zu lösen, sind echte Freunde, die es wert sind, daß Sie einen guten Kontakt zu ihnen pflegen. Kurz gesagt: Freunde sind Kuschelkissen unserer Seele. Wir müssen uns dessen bewußt werden, wie wichtig sie sind, und die Freundschaft hüten wie eine Kostbarkeit. Eine Freundschaft bewährt sich am überzeugendsten, wenn wir in höchster Not von lieben Menschen Hilfe erfahren. Gehen auch Sie auf jemanden zu, den Sie besonders mögen, der Ihnen wegen seiner menschlichen Qualitäten für eine Freundschaft besonders geeignet scheint. Und Sie werden erfahren: Wir haben mehr Freunde, als wir denken.

Auch die Lebenspartnerschaft hat ihre Zeit

»So kann es mit dir nicht mehr weitergehen, Mutter. Du gehst nicht mehr aus dem Haus, ißt kaum noch etwas und verläßt jetzt sogar nicht einmal mehr dein Zimmer!« Beate war richtig böse. Seit dem Tod ihres Mannes war Anna, Beates Mutter, das Problemkind der übrigen Familie geworden. Bisher hatten alle sie mit Samthandschuhen angefaßt, weil jeder um ihre Trauer wußte. Doch dieser Zustand mußte einmal ein Ende haben.

Beate bat ihre Mutter, mit ins Wohnzimmer zu gehen, da sie Besuch von einer Bekannten hatte, die ebenfalls Witwe und mit zwei kleinen Kindern allein zurückgeblieben war. Aber Anna tat die Einladung zunächst mit den Worten ab: »Ich will niemanden sehen.« Mit viel Überredungskunst schaffte Beate es dann doch, daß ihre Mutter an der Unterhaltung teilnahm. Und die Gespräche halfen ihr. Denn Anna fand nicht etwa jemanden vor, der mit seinem Schicksal haderte und verhärmt wirkte. Im Gegenteil. Obwohl die junge Frau eine große Aufgabe zu bewältigen hatte, stand sie fest im Leben und war nicht von Schmerz und Trauer gezeichnet. Sie litt zwar sehr unter dem Verlust ihres Mannes, doch ihren Kindern wollte sie die Kindheit fröhlich gestalten, auch wenn dies nicht immer leicht war.

Erst jetzt wurde Anna klar, daß es dieser jungen Frau viel schlechter ergangen war als ihr selbst. Nur kurze Zeit hatte sie mit ihrem Mann glücklich sein dürfen, während

Anna fünfundvierzig Jahre verheiratet gewesen war und ihr Mann immer für sie und die Kinder hatte sorgen können. Außerdem konnte Anna sich jetzt auf die Kinder stützen und sich von ihnen helfen lassen. Diese Frau aber mußte aus sich heraus die Kraft aufbringen, ihren Kindern gleichzeitig Vater und Mutter zu scin.

Sind wir manchmal nicht sehr ungerecht im Leben? Wenn es uns gutgeht, wenn wir glücklich verheiratet sind und ein intaktes Familienleben genießen können, halten wir diesen Zustand nur zu oft für etwas Selbstverständliches. Erst wenn er zerstört wird, kommt uns zu Bewußtsein, wie glücklich wir waren. Wie gerne würden wir diese Zeit jetzt wiederholen. Auch wenn das nicht möglich ist, sollten wir nicht verbittert werden und denen ihr Glück neiden, die es noch wahrnehmen können, sondern dankbar für das sein, was wir erleben durften. Es gilt, die Zeit der Lebenspartnerschaft als ein Geschenk anzusehen, so wie das Leben als ein Geschenk anzusehen ist. Was ist darunter zu verstehen? Man soll das Leben einfach von der schönen Seite her betrachten, ohne jedoch zu vergessen, daß es auch das Bedrohliche, Schmerzhafte und Leidvolle enthält. Aber was das Leben ausmacht, ist nicht etwa Schmerz, Leere und Enttäuschung, sondern Freude, Erfüllung und Glück.

Wenn das nun durch die Trennung von einem lieben Menschen verlorenging, ist es an uns, dafür zu sorgen, daß diese Dinge zu uns zurückkehren. Denn nun haben wir gelernt, was Liebe und Glück bedeuten können und wie wir trotz mancher Reibereien, die in jeder Partnerschaft vorkommen, immer wieder glücklich waren. Man ist also nicht nur der alleingelassene Partner, sondern eine erfahrene, reife Persönlichkeit, die ihre Erfahrung auch an andere Menschen weiterzugeben vermag und so wieder Glück und Zufriedenheit erfährt: in einer neuerlichen Partnerschaft oder auch unter Freunden und Bekannten. Wer nach einem schmerzlichen Verlust nicht verbittert durchs Leben geht, für den stellt die Zeit der Partnerschaft eine echte Bereicherung dar. Das Leben zu zweit prägt aber auch auf andere Weise.

Maria hatte bis zuletzt ihren um zehn Jahre älteren Mann gepflegt. Er blieb nach einem Unfall bettlägerig und konnte sich selbst nicht helfen. Für die sechzigjährige Maria bedeutete die Pflege Schwerstarbeit, und ohne die Hilfe der Gemeindeschwester, die einmal am Tag kam, wäre diese Arbeit kaum zu bewältigen gewesen. Trotzdem wollte Maria ihren Mann keinem Pflegeheim anvertrauen. Diese Zeit wollte sie um keinen Preis missen. Und obwohl Maria schon Monate vorher mit dem Tod ihres Mannes rechnen mußte, traf das Ende sie hart, und sie litt unsagbar.

Urlaub hatten beide nie gekannt, das eigene Häuschen war ihr Wunschtraum gewesen, den sie sich unter Mühen erfüllt hatten. Die Kinder sollten eine gute Ausbildung erhalten, es »einmal besser haben«, wie es so schön heißt. Doch eines hatten Maria und ihr Mann: einander. Sie teilten ihre Sorgen und Probleme, aber auch die Freuden, die das Leben bot. Die Krankheit des Mannes schmiedete sie nur noch enger zusammen. Empfand er hin und wieder etwas mehr Wohlbefinden, war Maria dies Lohn genug für ihre aufopfernde Pflege.

Dieses Leiden zu erleben, hat Maria eine Menge gelehrt. Ihr wurde bewußt, wie reich sie sich schätzen durfte, daß sie ihre Gesundheit noch besaß. Wie wichtig war es doch, sich selbst noch bewegen zu können. Wie dankbar sollte ein Mensch sein, nicht um jede Kleinigkeit, die er benötigt, bitten zu müssen. Dennoch hatte ihr die Aufgabe so viel Freude bereitet, daß sie sich vornahm, auch nach dem Tod ihres Mannes in dieser Weise tätig zu werden. Nun betreut Maria alte und kranke Menschen, die allein leben und auf Hilfe angewiesen sind. Doch es ist nicht nur Hilfe bei körperlichen Gebrechen, auch seelisch muntert sie ihre Schützlinge auf und läßt sie den Mut zum Weiterleben nicht verlieren. Sie fährt sie im Rollstuhl spazieren und organisierte sogar eine Fahrt in einem Reisebus, die rege Beteiligung fand.

Maria machte aus ihrer Not eine Tugend, indem sie erkannte, welchen Sinn ihr bisheriges Leben heute für sie hat. Die Freude, die sich in den Augen der hilfsbedürftigen Menschen widerspiegelt, läßt Maria immer neue Energie aufbringen. Hier hat sie Freunde gefunden, die oft das gleiche Schicksal erlebten und ihr lieb und wert geworden sind. Das Leiden ihres Mannes hat Maria klargemacht, welchen Sinn das Leben außer Geld, Ansehen und Familie noch haben kann. Sie ist noch sehr rüstig und geistig rege, warum also sollte sie den Rest ihres Lebens untätig verbringen? Und wenn sie tatsächlich einmal Langeweile verspürt, greift Maria zu einem guten Buch oder schreibt Briefe an Freunde oder Verwandte. Dazu hat sie nun ja Zeit genug.

Enttäuschungen erfährt jeder Mensch und muß damit fertig werden. Bedrückend wird das Gefühl der Enttäuschung aber erst dann, wenn wir uns ausschließlich auf diese eine Seite der Wirklichkeit konzentrieren. Meist sind damit eine geheime Angst und völlige Abneigung gegen alles Neue verbunden, die schließlich zu Depressionen führen können. Die Wirklichkeit besteht jedoch nicht nur aus dieser einen Seite. Es gilt daher, die andere, helle Seite des Lebens zu entdecken. Denn der Verlust des Partners ist für den Hinterbliebenen nicht das Ende in Verlassenheit und Einsamkeit, sondern der Anfang einer neuen Lebensform und Lebensgemeinschaft.

Nach jeder Lebenspartnerschaft, die beendet wurde, gilt es, Bilanz zu ziehen: Was hat sie mir gebracht? Was habe ich aus ihr gelernt? Was habe ich erlebt, und was habe ich missen müssen? Wenn mir all diese Dinge klargeworden sind, kann ich mein weiteres Leben mit fester Hand weiterführen. Dies gilt vor allem für jene Menschen, denen der Ehepartner bisher alle Sorgen und Probleme abgenommen hatte. Hier scheint eine Wandlung zum Selbständigsein besonders vonnöten zu sein. Denn gerade sie werden am schwersten über den Verlust hinwegkommen.

Erinnerungen werden immer bleiben, aber wir dürfen uns nicht von ihnen erdrücken lassen und müssen ihnen nicht ständig nachhängen. Tun Sie darum jetzt das, was Sie mit Ihrem Partner getan hätten. Fragen Sie sich vor einer Entscheidung, zum Beispiel bei der Planung einer Reise, insgeheim: Wie würde der Partner entscheiden? Auf diese Weise führen Sie Ihr Leben gewissermaßen in seinem Sinne fort, müssen allerdings doch das tun, was Sie für richtig und für das Beste halten. Die schmerzliche Erinnerung kann sich so vielleicht in eine positivere umwandeln. Und damit wir zu guter Letzt nicht doch noch ein schlechtes Gewissen bekommen, weil wir ja ohne ihn fahren, reisen wir mit ebenfalls alleinstehenden Menschen. Denn daß wir nur weinen und keine Gelegenheit zu Abwechslung und Freude suchen, das hätte der Verstorbene bestimmt nicht gewollt.

Wir reifen an Verlusten

Sind es nicht oft erst die Ruinen, die den Blick zum Himmel hinauf freigeben? Die Frage nach dem Sinn des Lebens nach einem Verlust und das Ringen um ein tieferes Verständnis für die gegenwärtige Lage stellen sich meist erst dann ein, wenn wir unter jenem kleinen Stück Himmel stehen, das durch die Ruinen unseres scheinbar nicht mehr vollständigen Lebens schimmert. Erst ein Verlust macht dem Menschen klar, wie schön sein Leben bisher verlief und wie oberflächlich er es betrachtete. So geschieht es leicht, daß wir bei dem Verlust eines geliebten Menschen in eine Krise geraten, aus der wir keinen Ausweg mehr sehen und die das ganze Lebensgefühl und sämtliche Beziehungen beeinträchtigen kann. Aktivität erscheint sinnlos, vielleicht verlassen uns auch noch Freunde und Bekannte. Kurz gesagt: Das Leben verliert seine Farbe und Leuchtkraft, die Vitalität wird reduziert, wir fühlen uns schlaff und krank und – was wohl am schlimmsten ist – hoffnungslos, bis wir, wie schon gesagt, keinen Ausweg mehr sehen.

Zu der großen Trauer um ihren geliebten Karl kam für Else auch noch die Hilflosigkeit, der sie jetzt ausgeliefert war. Auf ihre dreizehn und fünfzehn Jahre alten Kinder konnte sie sich kaum stützen. Bisher war Else in einem Schreibbüro als Phonotypistin tätig gewesen und hatte sich um praktische Dinge im Hause nie gekümmert. Karl, ein Handwerksmeister, hatte das Heim für seine Familie noch nicht ganz fertiggebaut, als er starb. Was sollte nun geschehen? Freunde und Verwandte wohnten nun weit entfernt, denn Else und ihr Mann waren erst vor kurzem in diesen Ort gezogen. Handwerker konnte sich Else finanziell nicht leisten. Was also war zu tun?

Am Tiefpunkt ihrer Krise angelangt, begriff Else schließlich, daß es gar keine andere Möglichkeit gab, als dieses Haus zu behalten. Und wenn es noch nicht fertig war, mußte Else es eben mit Hilfe der Kinder allein schaffen. Es war Karls Lebenswerk, sie durfte es nicht in fremde Hände geben. So fuhren sie jeden Samstag zu dem Bau, um sich als Maler, Tapezierer oder Fliesenleger zu betätigen. Bald fanden sie rechte Freude daran, als sie sahen, wie sich der einstige Rohbau unter ihren eigenen Händen zu einem schmucken Häuschen entwikkelte. Jahr um Jahr verschönern sie nun gemeinsam ihr Heim. Und Else, die vorher nicht einmal einen Nagel in die Wand schlagen konnte, ist heute fast perfekt als Maurer, Gärtner und Maler. Durch den Tod ihres Mannes ist sie reifer geworden, hat gelernt, sich zu behaupten, und steht fest im Leben. Manchmal empfindet sie ihr früheres Leben sogar fast als sinnlos und stupide.

Das Bedürfnis, nach dem Sinn des Lebens zu suchen, ist tief im Menschen verwurzelt. Die Auseinandersetzung darüber, ob dieser Sinn transzendiert, also über die Dinge hinausreicht, in ihnen selbst liegt oder erlebt werden muß, ist müßig. Der Sinn des Lebens ist das Leben selbst. Das menschliche Dasein folgt dem Prinzip der wiederholten Impulse erneuernder Aktivitäten, strebender Emotionen bis hin zur Vollendung der Ganzheit. Deshalb kann das Leben trotz Verlusten wieder glücklich verlaufen.

Oft hilft eine Glaubensentscheidung, einen tragischen Verlust leichter zu verarbeiten. Glauben heißt, alles auf eine Karte zu setzen, dem Leben gegen das Nein ein neues, uneingeschränktes, durchdringendes Ja abzugewinnen, jedes Minus des Lebens durchzustreichen und in ein Plus umzuwandeln. Wenn ich mich dafür entscheiden kann, wird alles Wenige von selbst ein Mehr, wird Einschränkung zur Bereicherung, sogar Sterben zum Gewinn werden. Dieser Wille befähigt mich dazu, als Hinterbliebener am Verlust zu reifen und den Rest meines Lebens in Harmonie und nicht in Einsamkeit zu verbringen.

Doch hier soll nicht nur von plötzlich alleinstehenden und hilflosen Frauen die Rede sein. Wie mag es Männern – gerade älteren – ergehen, die sich in der Hausarbeit schwer zurechtfinden, weil sie sie nicht gewohnt waren, und die ein Leben lang von ihrer Frau wie von einer Mutter umsorgt wurden?

Vor zwei Jahren verlor Herbert durch einen Autounfall seine Frau. Die ersten Wochen verbrachte er damit, zwischen seinen beiden verheirateten Kindern hin- und herzupendeln, um fürs erste einmal versorgt zu sein. Doch es zog ihn in seine Wohnung zurück, in der er mit seiner Frau immerhin vierzig Jahre verbracht hatte und in der er sich wirklich zu Hause fühlte. »Essen auf Rädern« kam für den Achtundsechzigjährigen genausowenig in Frage wie Fertiggerichte. Seine Frau hatte sehr schmackhaft gekocht und alles stets frisch zubereitet. Auf andere als die gewohnten Gerichte wollte Herbert sich in seinem Alter nicht mehr umstellen. Was sollte er also tun? Als ihm dies niemand recht machen konnte, stellte er sich selbst an den Herd. Er wollte selbständig werden, von niemandem abhängig sein. Und siehe da, es machte ihm direkt Freude, für sich selbst zu kochen. Wenn auch sein Leibgericht nicht gleich gelang, so schmeckte es ihm doch viel besser, weil es sein eigenes Werk war. Das ermunterte Herbert dazu, auch den übrigen Haushalt selbst zu übernehmen. Bisher hatte ihm eine Nachbarin bei der Wäsche und anderen Dingen geholfen. Ohne daß er es recht bemerkte, entwickelte sich Herbert zum perfekten »Hausmann«. Als er seine Skatfreunde neulich mit einer warmen Mahlzeit überraschte, lobten sie seine Kochkünste außerordentlich.

Vielen Witwern ergeht es wie Herbert. Ein Leben lang kümmerten ihre Frauen sich um den gesamten Haushalt. Wer die Initiative nicht ergreifen will oder kann, sich nun selber zu versorgen, zieht zu den Kindern, anderen Verwandten oder geht in ein Heim. Doch glücklich wird er dort nur selten, denn die vertraute Umgebung fehlt. »Einen alten Baum verpflanzt man nicht«, heißt es. Und die Erfahrung hat gezeigt, daß viel Wahrheit darin liegt. Wer als alter Mensch gesundheitlich noch in der Lage ist, für sich selbst zu sorgen, darf sich nicht aufgeben, nur weil er sich an eine neue Rolle gewöhnen muß. Steckt das Streben nach Selbstverwirklichung nicht in allen Menschen?

Der Lernfähigkeit ist keine Grenze gesetzt. Sie ist in jedem Alter gegeben. In vielen Ehen oder Partnerschaften erfüllt jeder die ihm zugedachte Rolle. Der Ehemann ist meistens beruflich so engagiert, daß er für anderes kaum Zeit findet. Viele Frauen erledigen die Hausarbeit allein, obwohl sie oft ebenfalls berufstätig sind. Höchstens die Gartenarbeit wird geteilt. Ältere Menschen, die nun plötzlich allein im Leben stehen, sind daher häufig gezwungen, vieles dazuzulernen.

Jeder Mensch braucht Forderungen und Aufgaben. Gerade nach einem seelischen Tief, wie es der Tod eines geliebten Menschen nach sich zieht, können wir durch Aufgaben wieder Halt finden. Vertrauen wir doch darauf, daß jede Umstellung nur am Anfang schwierig ist und Übung den Meister macht. Viele alleinstehende ältere Menschen wollen auch nicht in ein Heim, können sich an eine neue Umgebung nicht mehr gewöhnen, möchten ihren Bekannten- und Freundeskreis nicht aufgeben. In diesem Fall bleibt nur die Möglichkeit, sich selbst zu versorgen, wenn keine andere Hilfe gegeben ist. Das mag zunächst schmerzlich sein, doch die Aufgabe mildert den Schmerz um den Verlust. Sie können ihrem Leben wieder einen Sinn geben und bleiben körperlich und geistig vital.

Wer nicht verzagt und sich trotz des Schmerzes und Leids anderen Menschen gegenüber öffnet, dem wird Freude entgegengebracht, und er wird neue Freunde finden. Viel zu oft waren in einer Ehe beide Partner nur aufeinander fixiert und meinten, sie kämen ohne ihre Mitmenschen aus. Das Gegenteil zeigt sich erst, wenn einer den anderen verlassen hat. Jetzt beginnt für den Hinterbliebenen ein Reifeprozeß. Er muß lernen, sich selbst zurechtzufinden. Jetzt ist es schön, wenn jemand zur Seite steht, aber nur, um dem Betroffenen zur Selbständigkeit zu verhelfen. Denn echte Hilfe besteht nicht darin, einem Menschen alle Dinge des täglichen Lebens abzunehmen, sondern ihn zur Eigenständigkeit hinzuführen. Gerade ein Mensch, der geistig und körperlich noch leistungsfähig ist, sollte diese Fähigkeiten ausnutzen. Einen größeren Gefallen können wir uns nicht tun.

Krisen als Gefahr und Chance

Gerät etwas in unserem Leben ins Wanken, so kann daraus leicht eine Krise entstehen. Wenn zwei Menschen auseinandergerissen werden, ob erwartet oder unerwartet, kommt der Hinterbliebene in einen Konflikt mit sich selbst.

Eine Krise hat zwei Seiten. Zum einen bedeutet sie Gefahr, zum anderen kann sie aber durchaus eine Chance darstellen. Einmal birgt sie die Gefahr des Scheiterns und Zerbrechens; Ohnmachtsgefühle und das Bewußtsein, in eine ausweglose Sackgasse geraten zu sein und immer tiefer hineinzutreiben, verstärken sich, bis das Gefühl unerträglich wird. Andererseits können wir, am Tiefpunkt angelangt, neuen Lebensmut schöpfen und unser Leben zum Positiven verändern.

Eine vierundsechzigjährige Frau hat ihren Mann verloren. Nachdem sie ihn mehrere Jahre gepflegt hatte, ist er seiner schweren Krankheit erlegen. Über ihre Trauer hinaus fühlt sich die Frau vom Leben betrogen, hat sie doch fast fünf Jahre auf alles andere verzichtet. Aber das war nicht das Schlimmste. Immer wieder hatten beide auf Genesung gehofft. Nachdem es ihrem Mann einige Male besserging, mußte sie immer wieder mit ansehen, wie ihrer beider Hoffnung zunichte gemacht wurde und er mehr und mehr seiner Krankheit verfiel. Als er gestorben war, meinte sie, ein Stück ihrer selbst sei mit ihm gegangen.

Wir können aber nur das verlieren, was wir selbst besitzen, wie Vermögen, Gesundheit, Leben, Vertrauen, Geborgenheit, Illusionen und anderes mehr. Der Schmerz über einen Verlust ist um so heftiger, je stärker jemand an seinem Besitz gehangen hat und je weniger er in der Lage war, *loslassen* zu können. Wer sein Leben, seine Gesundheit und andere Dinge dagegen als Teil des Ganzen erfährt, als Eigentum Gottes versteht, kann nichts verlieren. Obwohl der Mensch besitzorientiert ist, muß er lernen, den Verlust hinzunehmen, ihn zuzulassen und als Signal zu verstehen, seine Einstellung zu ändern, zum Beispiel zu üben, die Abhängigkeit von geliebten Dingen und Menschen zu lösen, um freier leben zu können. Je freiheitsfähiger ein Mensch ist, desto krisenimmuner kann er sein. Denn in eine Krise geraten wir, ohne es zunächst zu bemerken. Sie kommt nicht plötzlich wie ein schnell auftauchendes Problem, sondern meist sehr langsam, aber ohne Vorwarnung. Die Gefahr, die eine Krise mit sich bringen kann, liegt also darin, daß wir uns schon mittendrin befinden, ehe wir es recht bemerken.

Aber Krise bedeutet auch soviel wie Richten, Entscheiden und Wenden des Zustandes, in dem wir uns befinden. Ein Verlust wird um so schwerer ertragen, je weniger wir mit ihm rechneten und je mehr wir das Verlorene als unser Eigentum betrachteten. Zunächst muß der verklärende Zustand der Erinnerung an die gemeinsame Zeit vor dem Schicksalsschlag bewältigt werden. Die Erinnerung hindert uns am stärksten daran, aus einer Verlustkrise heil hervorzugehen, denn sie richtet unsere Gedanken auf die Vergangenheit. »Menschen sind zur Trauer und zum Leid fähig, weil sie nicht wie die Herde, kurz angebunden mit ihrer Lust und Unlust, nämlich an dem Pflock des Augenblickes, und deshalb weder schwermütig noch überdrüssig sind«, sagte der Philosoph FRIEDRICH NIETZSCHE.

Obwohl jedes Leben von notwendigen oder vermeidbaren Krisen geradezu durchzogen zu sein scheint, sind die am meisten verbreiteten Antworten in einer Notsituation oft unangebracht oder gar schädlich für den Hilfesuchenden. Wer nicht krisenerfahren ist, klettert mühselig jede einzelne Sprosse der ganzen Leiter instinktiver Reaktionen hinauf und erlebt jede einzelne von ihnen als destruktiv und lebensfeindlich. Man nennt sie *Regression, Aggression, Depression* und *Resignation.* Wenn wir dann endlich meinen, alle Sprossen erklommen zu haben, ist oft nur die Enttäuschung statt des Lebensmutes gewachsen. Wie kann das geschehen, obwohl wir doch nur nach dem menschlich vorgegebenen Verhaltensschema verfahren sind? Es deutet darauf hin, daß der Mensch offenbar kein helfendes Werkzeug zur Krisenmeisterung besitzt.

Also muß diese erlernt werden. Wir beginnen damit, uns bewußt zu machen, daß es sich um eine Krise handelt, in der wir uns gerade befinden. Der nächste Schritt ist das Erkennen, um welchen Krisentyp es sich handelt. Befinde ich mich in der Regression, trete ich schnell den Rückzug an. Die Aggression dagegen drängt mich nach vorn, durch schnelles Handeln möchte ich die Krise in den Griff bekommen. Meist verfallen wir nach dem Verlust eines geliebten Menschen jedoch in die Depression, die Krise um einen Besitzstand, der sich nicht halten ließ. Sich geschlagen geben, heißt die Devise. Hilflos und hoffnungslos verfällt der Betroffene in tiefe Schwermut. Obwohl er bis zuletzt gehofft hatte, wurden seine Erwartungen nicht erfüllt. Das Liebste, das er besaß, wurde ihm genommen. Lebensfreude und Erwartungen, die ihn angespannt hielten, sind so weit zurückgedrängt, daß nichts mehr bleibt, um sein Leben zu erhellen.

Aber jede Krise beinhaltet – wie erwähnt – auch eine Chance, die Möglichkeit, wieder aus ihr herauszufinden und dabei das Beste für sich zu entdecken. Wenn die Zeit reif ist, tritt eine Veränderung ein. Ein solcher Vorgang muß sich im Leben stets wiederholen, auch wenn wir Angst vor dem Neuen haben, die durch die Angst vor der Angst noch potenziert wird. Trotzdem dürfen wir für korrigierende Außeneinflüsse nicht blind werden und unsere Krise nicht zum bestimmenden Element in unserem Leben machen. Wir müssen lernen, mit neuen, unbekannten Lebensanforderungen fertig zu werden. Dazu benötigen wir nur eins: unsere Entscheidungskraft. Kein anderer Mensch kann sie uns ersetzen.

Eine fünfundsechzigjährige Witwe lebt seit dem Tod ihres Mannes allein. Sie ist organisch gesund, aber dennoch unglücklich, weil sie von ihrem Sohn und der Schwiegertochter erwartet, daß diese sich mehr und ständig um sie kümmern. Sie lebt ständig in der Angst, ihre Kräfte könnten dahinschwinden, sucht einen Arzt nach dem anderen auf und fürchtet, bald in ein Altenheim zu müssen. Als die Schwiegertochter ihren Mann beruflich auf einer Reise begleiten muß, wartet die Witwe vergeblich auf deren Bitte, die Enkelkinder zu betreuen. Sie ist empört, bekommt aber Gewissensbisse. Dann bestätigt ihr der Arzt, den sie wieder einmal aufsucht, daß sie vollkommen gesund ist. Jetzt bietet sie von sich aus ihre Hilfe an und schämt sich im stillen, daß sie der Ansicht war, alle müßten nur für sie sorgen. Sie beginnt, ihr Leben zu ändern.

Mit Eifer vertieft sie sich in die Literatur, besinnt sich der vielen Reisen, die sie mit ihrem Mann unternommen hat. Als ihr Wissen Anerkennung findet, spürt sie das Interesse an ihrer Person. Voll Freude sieht sie nun dem Rest ihres Lebens entgegen. Heute weiß sie, daß sie durchaus keine Kunststücke zu vollbringen braucht und daß geistige Befriedigung auch körperliches Wohlbefinden schafft. Sie möchte noch viele Ideen verwirklichen und ist auf dem besten Weg, eine liebevolle, hilfsbereite Freundin ihrer Familie zu werden.

Wenn wir unsere Hilflosigkeit und Ohnmacht nach einem Verlust in den Griff bekommen wollen, schaffen wir es nur durch demütiges Zurücknehmen und Dienen an der Gesamtheit. Einseitig überzogene Forderungen schwächen und führen schließlich zu Krankheit.

2
Dem Ernstfall offen ins Auge sehen

Wichtiges zu Lebzeiten klären

Es ist erwiesen, daß der Mensch bis ins hohe Alter lernfähig bleibt. Angesichts dieser Tatsache stellt sich die Frage, ob wir auch das Alleinleben lernen können. Die Wahrscheinlichkeit, daß vor allem Frauen viele Jahre ihres Lebens allein verbringen, hat sich sehr erhöht. Immerhin weist die Statistik aus, daß zwei von drei Frauen ihren Mann überleben. Jede vierte Frau, die Witwe wird, ist jünger als fünfundvierzig Jahre. Frauen haben im allgemeinen eine Lebenserwartung von fast siebenundsiebzig, Männer dagegen von einundsiebzig Jahren. Bevor wir die Männer nun bedauern, sei auch bedacht, ob es den Frauen, die allein zurückbleiben, nicht viel schlechter ergeht.

Freilich trifft dieses Schicksal auch Männer, sie sind durch ihren Beruf aber oft mehr auf Lebenskampf und Selbständigkeit vorbereitet. Nicht, was die Haushaltsführung angeht oder den seelischen Schmerz, damit können die meisten Männer schwerer umgehen als die Frauen, doch wenn es sich um die Finanz- oder Wirtschaftsführung, das Versicherungswesen und die Rechtsfragen handelt. In einer Familie ist es meist der Mann, der Erfahrungen im Umgang mit Behörden hat, dies bringt in der Regel schon sein Beruf mit sich. Ehepaare sollten sich nicht scheuen, all diese Probleme und Fragen zu Lebzeiten gemeinsam zu besprechen und zu klären. Manche Ehefrau hat gar keinen Einblick in die Kontoführung ihres Mannes, ja es gibt sogar Frauen, die nicht einmal wissen, wieviel ihr Mann verdient.

Margarete war gut fünfzig Jahre alt, als ihr Mann an einem Herzinfarkt starb. Sie war im Grunde eine lebenslustige Frau, die dem Leben auch die schönen Seiten abgewann. Beide hatten einen großen Bekanntenkreis, und so kam es, daß Margarete auch jetzt oft unterwegs war und selbst viel Besuch empfing. Das lenkte sie ein wenig von ihrer Trauer ab. Bei der Geburtstagsfeier einer Bekannten lernte sie einen älteren, ebenfalls verwitweten Herrn kennen, der sich in der folgenden Zeit sehr um sie bemühte. Margarete ließ sich einige Male von ihm in ein Restaurant ausführen, zu einem Wochenendausflug überreden, und sie besuchten gemeinsam Veranstaltungen. Doch als er ihr nach einiger Zeit den Vorschlag machte, zu ihm zu ziehen, und eine spätere Heirat nicht ausschloß, weil er des Alleinseins überdrüssig war, lehnte Margarete ab. Nein, das konnte sie nicht tun. Wenn sie ehrlich war, fiel ihr dieser Entschluß nicht leicht. Ihr Bekannter war ein Gentleman von Kopf bis Fuß, dazu sehr einfühlsam und verständnisvoll. Margarete mochte ihn eigentlich sehr gern, aber sie hatte doch immer nur einem Mann treu sein wollen, ihrem Hermann.

Gewissensbisse plagten Margarete ohnedies, weil sie so oft mit dem neuen Bekannten zusammen war. Was hätte Hermann dazu gesagt? Würde er nach ihrem Tod ebenfalls eine neue Liebe suchen oder ihr sein Leben lang treu bleiben? Durfte sie sich denn einem anderen Mann zuwenden? Hermann mußte so früh sterben, und sie genoß das Leben. War das richtig? Was würden erst die Leute sagen, würde man nicht über sie reden? Nach all diesen Überlegungen meinte sie, es wäre vernünftiger, allein zu bleiben, obwohl es ihr schwerfiel.

Es ist ganz wichtig, die innere Einstellung zu einem möglichen sinnvollen Alleinsein eines Partners oder zur Frage einer möglichen Wiederheirat rechtzeitig gemeinsam zu klären. Viele alleinlebende Menschen wagen sich nicht zu einer Zweitehe zu entschließen, weil sie glauben, ihrem verstorbenen Partner lebenslange Treue halten zu müssen. Sie leiden an ihrer Einsamkeit und weisen einen neuen Partner aus Vernunftgründen ab, selbst wenn sie daran zerbrechen. Mit Fragen wie »Handle ich richtig?« oder »Ist es egoistisch, wenn ich noch einmal eine Ehe eingehe?« zermartern sie sich den Kopf. Sie wagen auch keine neue Partnerschaft einzugehen, die ohne Trauschein geführt wird, oft nur, weil sie von dem verstorbenen Partner wissen, daß er von einer sogenannten »wilden Ehe« nichts hielt.

All dies sollte daher zu Lebzeiten geklärt werden, damit der Partner, der zurückbleibt, weiß, was auf ihn zukommen und wie er damit umgehen kann. Den Ernstfall vorwegzunehmen ist nicht möglich. Doch so hilflos, ohne Rat und Vorbereitung, wie es manchmal vorkommt, müßten die Betroffenen ihm nicht gegenüberstehen. Es gibt vieles, das beide Partner zu Lebzeiten klären können und das nicht im Testament steht.

Der achtundfünfzigjährige Karl ist seit vier Jahren Witwer. Es fällt ihm schwer, das Haus, das er gemeinsam mit seiner Frau bewohnt hatte, zu verkaufen. Aber es ist alt, er kann es allein nicht unterhalten und reparieren, und Handwerker wären zu kostspielig. Zweimal pro Woche kam eine Haushaltshilfe, doch sie erkrankte und quittierte ihren Dienst. Karl ist geneigt, das Haus zu verkaufen. Die von seiner Frau so sehr geliebten Blumen im Garten hatte er bisher gepflegt, so gut er konnte, das hatte er ihr auf dem Sterbebett versprechen müssen. Karl befindet sich in einem Gewissenskonflikt, ob seiner Frau der Verkauf recht wäre. Doch er muß auch sein zunehmendes Alter bedenken, und eine kleine Wohnung wäre für ihn bequemer. Seine Kinder sind längst verheiratet und wohnen nicht in seiner Nähe.

Die fünfundvierzigjährige Inge möchte den Wunsch ihres verstorbenen Mannes gern verwirklicht sehen, daß der achtzehnjährige Sohn Jörg, wie sein Vater, Arzt wird. Aber Jörg hat ganz andere Pläne. Er möchte Musik oder Kunstgeschichte studieren. Inge ist verzweifelt. Ihr

Mann war Arzt mit eigener Praxis und machte den Jungen schon früh mit medizinischen Dingen vertraut. Um ihn beruhigt entschlafen zu lassen, versprach Inge ihrem Mann, seinen letzten Wunsch zu respektieren. Doch sie ist sich dessen bewußt, daß sie einen jungen Menschen damit vielleicht für sein ganzes Leben unglücklich machen würde. Kann Inge das mit ihrem Gewissen vereinbaren? Soll sie dem Wunsch ihres verstorbenen Mannes nachgeben und ihrem Sohn, der sein Leben noch vor sich hat, das Lebensziel streitig machen und ihm die eigene Entfaltungsmöglichkeit nehmen?

Dies sind durchaus keine seltenen Fälle. In vielen Familien ist es auch heute noch üblich, den letzten Wunsch des Verstorbenen zu respektieren. Hat dazu niemand ein Versprechen einzulösen, dem er nicht nachkommen kann, besteht kein Einwand dagegen. Ein Testament mag noch so genau abgefaßt und bis ins letzte Detail durchdacht sein, was die finanzielle Versorgung des Hinterbliebenen betrifft, die wesentlichen Fragen bleiben jedoch meist offen und ungeklärt. Letztlich handelt es sich ja auch um Gewissensfragen, die jeder nach eigenem Gutdünken beantworten muß. Diese Entscheidungen kann ihm niemand abnehmen. Daher darf ein Mensch, der sein Ende kommen sieht, von seinem Partner oder seiner Familie kein schwer oder gar nicht erfüllbares Versprechen verlangen. Über entscheidende Fragen müssen Familienmitglieder deshalb zu Lebzeiten sprechen, damit der Hinterbliebene im Ernstfall tatsächlich beruhigt im Sinne des Verstorbenen verfahren und weiterleben kann – ohne Gewissensbisse oder ungewollte Einsamkeit.

Den Tod sich zum Freund machen

Jeder Mensch muß einmal sterben! Wie leicht ist dieser Satz dahingesagt. Trotzdem erschreckt uns der Gedanke und läßt uns schaudern, sobald wir in des Todes Nähe geraten: wenn wir eine Todesnachricht erhalten oder am Sarg eines uns bekannten oder verwandten Menschen stehen.

Mit dem Tod verbindet sich etwas Geheimnisvolles, Unbekanntes – heute um so mehr, da er sich weitgehend hinter verschlossenen Türen von Kliniken und Krankenhäusern abspielt und wir kaum noch Erfahrungen mit dem Vorgang des Sterbens machen. Deshalb ist auch die Angst davor so verbreitet. Dennoch können wir uns nicht früh genug mit ihm auseinandersetzen, die Tabuisierung durchbrechen und vom Sterben ebenso sprechen wie vom Leben. Der Tod bedeutet für viele Menschen in unserer sonst so offenen Welt immer noch Angst, Verzweiflung, Hilflosigkeit und Unmenschlichkeit. Nur selten sehen wir in ihm, was er auch bewirken kann, nämlich wirkliche Kraft, Hingabe, Glaubensstärke und menschliche Größe.

Meistens ist unsere Auffassung vom Sterben durch

Vorstellungen von Schuldhaftigkeit, Strafe, Fegefeuerleiden oder Schmerz und Pein viel zu verzerrt. Diese Vorstellungen und Gedanken setzen uns Qualen aus, die eher der Phantasie entspringen, als daß sie realistisch sind. Damit wir uns in unser Schicksal fügen können, ist ein gewisses Maß an Vertrauen und Gelassenheit nötig. Unser Leben scheint zwar immer unvollendet, weil wir nie ganz zufrieden, nie vollkommen sind, nie alles abgeschlossen haben, was wir uns vornahmen, und im Grunde genommen nie für den Tod bereit sind. Es beruhigt, das zu erkennen. Trotzdem können wir uns im Leben etwas aufbauen, eine Sache unterstützen, unsere Mitmenschen anleiten. Nichts ist vergeblich, und am Ende können wir auf unser Tun zurückblicken und getrost in den Zustand vom Sinn in den des Seins hinüberwechseln.

Bereitet unser ganzes Leben nicht das Sterben vor? Wir beginnen ja nicht erst zu sterben, wenn wir bemerken, daß es mit unserer körperlichen Kraft zu Ende geht. Genaugenommen beginnen wir in dem Augenblick zu sterben, in dem wir bewußt zu leben beginnen, denn das Leben führt schließlich zum Tode. Dies mag auf den ersten Blick erschreckend erscheinen. Wie sieht ein solches Leben aus, wie kann ich für mich selbst die Voraussetzung für einen friedvollen Tod schaffen? Und wie kann ich mich mit dem Tod vertraut machen? Bei Besuchen in Sterbekliniken und Krankenhäusern, bei Beerdigungen und in Trauerfamilien gelangen wir immer wieder in seine Nähe. Es ist nie zu früh zu lernen, wie man trauert, ohne zu verzweifeln.

Bewußt sollen die Furcht und ihre Gründe, die Gefühle von Trauer und Verzweiflung, aber auch von Hoffnung und Sehnsucht nach einem Leben nach dem Sterben zur Sprache gebracht werden. Die Religionen und Sinnantworten der Weltanschauungen mögen eine Hilfe sein, die persönliche Sinnfrage und die Lebenshoffnung in bezug auf den Tod und ein eventuelles Leben nach dem Tod zu beantworten.

Um schon den jungen Menschen mit diesem Bereich des Lebens vertraut zu machen, bewährt sich die Gemeinsamkeit von Alt und Jung. Wer wäre besser als die Großeltern geeignet, ihre Gedanken über das Leben als Ganzes und über seine Grenzen weiterzugeben? Kinder sind sehr aufmerksame Zuhörer, wenn solche Fragen besprochen werden. Die Eltern, die meist vollauf im Daseinskampf stehen, sind seltener bereit und befähigt, diese Aufgabe zu erfüllen. Der ehemalige sowjetische Ministerpräsident NIKITA CHRUSCHTSCHOW sagte einmal: »Wir haben den Kampf gegen den Faschismus gewonnen, aber den gegen die russische Großmutter verloren«, und er meinte damit das kraftvolle Überleben der Religion in Rußland, gegen die der Kommunismus offenbar machtlos ist. Aber sind nicht auch der Westen und die ganze übrige Welt auf diesen geistigen Strom, der durch Jahrhunderte geht, angewiesen?

Die moderne Welt des zwanzigsten Jahrhunderts hat

auf viele Fragen eine überzeugende Antwort gefunden. Auf die Frage nach dem Sinn des Todes und der Überwindung der Angst vor ihm bietet sie jedoch nichts an. Im Gegenteil, mit der Verdrängung verstärkte sich die Angst des Menschen vor dem Tod noch. Ebensowenig gelang es den modernen Ideologien, den Tod aus dem Leben zu verbannen. Vielleicht enthält die große, die totale Todesbedrohung die Chance eines neuen Lebens und lehrt uns, den Tod wieder mit einzubeziehen, wieder mit seiner Gefahr und mit seiner Nähe zu leben.

Der Mensch muß sich von sich selbst lösen können und sich nicht so wichtig nehmen. Wer schon einmal erkrankt war, wird die Erfahrung gemacht haben, daß es auch ohne ihn geht. Für ein friedvolles und erfülltes Leben und Sterben ist es wesentlich zu lernen, sich vertreten zu lassen. Wer dies kann, ist auch in der Lage, das Leben als Geschenk zu betrachten. Wer an den Tod denkt und mit ihm leben kann, für den bedeutet das Sterben keine böse Überraschung. Er ist darauf vorbereitet. Der Weg des Lebens führt sanft in den Weg des Todes hinüber. Der Tod ist ein natürliches Ende und ein Anfang friedvollster Ruhe. Nichts muß mehr erledigt werden. Alles ist abgeschlossen. Niemand stellt mehr Fragen, Forderungen, sondern tiefe Erfüllung umgibt den Sterbenden. Wer sich dessen bewußt ist, wird das Sterben als Befreiung und den Tod als Vollendung erfahren, aber keinesfalls als furchteinflößendes Ereignis. So wird er für uns nicht zum Feind, sondern zum Freund.

Woran man vorher nicht gedacht hat

»Hans, kommst du? Das Essen steht auf dem Tisch«, ruft Irene ihrem Mann zu, der im Keller eine Reparatur an einem Gerät vornimmt. Beide sind seit einigen Jahren Rentner und genießen das Leben, soweit es ihre Gesundheit zuläßt. Hans ist mit seinen siebenundsechzig Jahren noch sehr rüstig, arbeitet viel an dem gemeinsamen Häuschen und bestellt den Garten allein. Irene braucht sich eigentlich nicht um Dinge, die nicht den Haushalt betreffen, zu kümmern. Als ehemaliger Beamter übernimmt Hans auch sämtlichen Schriftverkehr mit Behörden, Versicherungen und anderen Stellen. Irene ist das natürlich nur recht.

Sie hingegen erledigt den Haushalt, besorgt den Einkauf und hält das Haus in Ordnung. So weit, so gut – weil jeder von ihnen seine Aufgabe hat. Doch dachten sie jemals daran, wie es weitergehen soll, wenn einer von ihnen stirbt? Kinder sind nicht vorhanden, und zu Bekannten und Nachbarn hatten sie nie besonders guten Kontakt. Der Betroffene wird also einmal plötzlich allein dastehen und die Aufgaben des anderen mit übernehmen müssen.

Daran sollten wir schon vorher denken. Nun werden Sie einwenden, daß jeder der beiden lernen könnte, sich selbst zu versorgen, und wenn dies nicht mehr möglich sei, bleibe noch die Wahl des Altenheims. Doch das ist es nicht nur. Ein Mensch fehlt, der Hinterbliebene ist allein und kann mit dieser Tatsache oft genug nicht fertig werden.

Auch wenn es uns nicht angenehm ist, sollten wir uns zu Lebzeiten mit dem Gedanken an das Sterben auseinandersetzen. Und nicht nur in der Hinsicht, daß wir uns gut versichern, damit der Partner nach unserem Tod finanziell versorgt ist. Wir wissen um die ständigen Änderungen und die Unsicherheiten in unserem Leben. Aber wissen wir auch, was der Tod bedeutet: Abschied nehmen und loslassen? Darin können wir uns üben. Wenn die Kinder erwachsen werden, gehen sie aus dem Haus. Wir müssen sie freigeben. Dies ist natürlich nicht wie der Tod. Trotzdem ist es für manche Eltern, als müßten sie ein Stück von sich selbst weggeben.

Wir neigen dazu zu sagen: »Ich weiß, daß ich sterben muß, aber ich will möglichst lange leben und deshalb noch nicht an den Tod denken.« Auch den Gedanken an den Tod anderer versuchen wir zu verdrängen. Dennoch müssen wir wissen, daß wir nichts für immer halten können, alles muß einmal losgelassen werden, auch Menschen, die uns nahestehen. Wenn sie von uns gehen und sterben, müssen wir sie gehen lassen können, indem wir sie innerlich freigeben. Dieser Vorgang ist seelische Schwerstarbeit. Aber jeder Wechsel im Tages- oder Jahresgeschehen, in unserem ganzen Leben erfordert Anpassungsenergien. So können wir bei einer Erkrankung oder der Abreise eines Familienmitglieds bereits lernen, wie wir uns verhalten, wenn ein lieber Mensch von uns geht, und wie wir trotz des Wissens um die Trennung bewußt, verantwortungsvoll und zufrieden leben.

Krankheiten, Verletzungen und Todesfälle in der Verwandtschaft, unter Bekannten und Freunden sollen uns Signale sein, die uns auf das Sterben und Alleinsein aufmerksam machen. Je besser wir uns selbst auf den Tod vorbereiten, um so mehr entlasten wir unsere Hinterbliebenen und Angehörigen. Vor allen Dingen darf ich niemanden von mir und auch mich selbst von niemandem abhängig machen. Sterben ist ein zwischenmenschlicher Prozeß, auf den wir uns jederzeit vorbereiten können und sollen.

Das Leben geht weiter und fordert sein Recht

»Wie soll es nun weitergehen?« Diese Fragen stellen wir uns immer wieder, wenn uns der Tod eines lieben Menschen plötzlich allein zurückläßt. Nur wenige sind fähig oder willens, einen Trauernden durch alle Phasen des Schmerzes, der Hoffnungslosigkeit und, bestenfalls, der langsamen Regeneration zu begleiten. Mangel an Einfühlungsvermögen seitens der Umwelt und Ängste treiben den Betroffenen oft nur noch mehr in die innere und äußere Isolation.

Luise, zweiundsechzig Jahre, schildert ihr Leben nach dem Tod ihres Mannes folgendermaßen: Es traf sie wie ein Schlag, als sie erfuhr, daß er unheilbar krank war und nur noch etwa vier Wochen zu leben hatte. Zu der furchtbaren Gewißheit, gegen diese Tatsache machtlos zu sein, kam noch, daß sie nach außen hin gelassen wirken wollte. Trotz großer Anstrengung gelang Luise dies bis zuletzt. »Ich muß erwähnen, daß ich sehr gläubig bin und die Hoffnung in mir trage, daß mit dem Tod nicht alles zu Ende ist, sondern daß irgend etwas irgendwo weitergeht und das Leben ja auch einen Sinn gehabt hat«, sagt sie.

Als ihr Mann schließlich starb, hatte Luise trotzdem das Gefühl, alles über ihr würde zusammenbrechen. Die letzten Wochen waren zuviel für sie gewesen. Worte wie: »Es wird irgendwann einmal besser, die Zeit heilt Wunden«, gaben ihr keinen echten Trost. Und dann kam auch noch das Forträumen seiner Sachen, das sie immer wieder vor sich herschob. In sein Arbeitszimmer konnte sie vorerst überhaupt nicht gehen. Und doch wäre so vieles zu erledigen gewesen. Als sie sich endlich dazu entschloß, stiegen ihr dabei die Tränen in die Augen. Einige Kleidungsstücke ihres verstorbenen Mannes verschenkte Luise an hilfsbedürftige Familien, und der Gedanke, anderen Menschen damit helfen zu können, gab ihr Trost. Außerdem wußte Luise, daß sie ganz im Sinne ihres Mannes handelte.

Am Anfang haderte Luise sehr mit dem Schicksal. Sie hatten einander gut verstanden, ihr Mann war ein guter Ehemann und ein guter Vater der gemeinsamen Kinder gewesen. »Wofür wurden wir bestraft? Waren wir zu glücklich? Ist das nicht erlaubt? Muß man sein Leben lang nur immer für das Glück kämpfen, um es besitzen zu können?« fragte sie verzweifelt. Am schlimmsten war es für Luise, die Freude über etwas nicht mehr mit ihrem Mann teilen zu können. Eines Tages traf sie einen Freund ihres Mannes, der ihr sagte: »Ihr Mann war immer lebensfroh, bereit für andere einzuspringen, ein so großartiger und vollkommener Mensch. Er konnte eigentlich nicht besser werden.« Diese Worte beeindruckten Luise tief, und sie dachte lange darüber nach. Am Tiefpunkt ihrer Krise verfestigte sich der Gedanke in ihr, so zu werden wie ihr Mann, und dieser Gedanke gab ihr Mut. Sie wollte ihr Leben wieder in die Hand nehmen und die Arbeit ihres Mannes, der sich neben seinem Beruf als Schriftsteller mit Aufgaben der Sozialarbeit befaßt hatte, stellvertretend in seinem Sinn fortsetzen.

Vielen – gerade verwitweten Frauen – mag es in der Ehe so ergangen sein, daß sie der Haushalt voll beschäftigte. Trotzdem ist es auch im Alter nicht zu spät, noch etwas Neues zu beginnen. Damit ist nicht unbedingt ein Beruf gemeint, sondern eine zusätzliche Betätigung – vielleicht sogar bei Freunden, Nachbarn oder in der Familie. Dies bietet die Möglichkeit, Liebe weiterzugeben und zu empfangen, trägt aber nicht zuletzt dazu bei, die eigenen Probleme, die mit der Trauer einhergehen, zu überwinden.

Nicht selten löst der Tod eines Partners beim Zurückgebliebenen zunächst ein starkes Anlehnungsbedürfnis aus. Durch den sinnlos erscheinenden Tod wird das eigene Leben vielfach in Frage gestellt. Man wird ganz auf sich allein zurückgeworfen. Aber liegt nicht gerade darin die große Chance eines Neubeginns? Umdenken, Neulernen, Infragestellen – das alles fällt dem Betroffenen leichter, wenn er sich anderen Menschen zuwendet und an ihrem Leben teilnimmt. Oft steht die Vernunft im Weg, sich mit etwas Neuem zu befassen. Doch wir sollten uns öffnen und bereit sein, das anzunehmen, was auf uns zukommt. Es ist wichtig, sehen und erkennen zu lernen. So erschließen sich die Möglichkeiten für eine intensive Selbstentfaltung. Wir stehen am Beginn eines neuen Weges, auf dem wir uns nicht mehr allein fühlen. Weggenossen, denen es ähnlich ergangen ist, helfen uns, wenn wir versucht sind zu zweifeln, dem Nein ein klares Ja entgegenzuhalten. Wenn wir uns für das Leben entscheiden können, fällt es leichter, es auch dann mit all seinen Pflichten und Anforderungen anzunehmen und zu bewältigen, wenn es sich in einer Krise befindet. Alles Wenige wird von selbst ein Mehr, sogar Einschränkungen, sogar das Sterben kann zu einem Gewinn werden. Mit diesem Bewußtsein kann ich dem Ernstfall offenen Auges begegnen, mein Ziel fest im Blick behalten und alle alltäglichen Sorgen und Nöte gefahrlos überstehen. Denn auch wenn Verwandte oder Freunde in meinen schwersten Stunden manches für mich erledigen und mir Sorgen und Probleme abnehmen, so gut sie es können, einiges bleibt doch selbst zu tun: den Schmerz zu überwinden und vielleicht sogar das eigene Leben zu ändern. Mag der Verlust noch so groß sein, sollten wir nicht in Resignation verfallen, sondern den Punkt der Umkehr und des Neubeginns wahrnehmen.

Doch es gilt nicht nur, das eigene Leben in Zufriedenheit weiterleben zu können. Oft hat der Betroffene noch Kinder zu versorgen und muß Vater oder Mutter ersetzen. Manche Mutter trifft es hart, wenn der Mann gestorben ist. Der Tod hat nicht nur ihren Kindern den Vater und ihr den Partner genommen, sondern auch den Ernährer der Familie. Gerade jetzt, wo die Kinder sie am meisten brauchten, muß sie sich eine Beschäftigung suchen, um den Lebensunterhalt zu bestreiten.

Günstig wäre es, wenn die Großeltern im Haus oder wenigstens in der Nähe wohnten und die Kinder beaufsichtigen könnten. Doch das ist nicht immer der Fall. So bleibt mancher Mutter nur die Alternative, eine Halbtagsstellung anzunehmen, damit sie sich um die Kinder kümmern kann, wenn sie aus dem Kindergarten oder der Schule kommen. Manchmal muß eine teure Wohnung oder ein Haus gegen eine weniger kostspielige Bleibe eingetauscht werden. Ob wir mit unserer Entscheidung die richtige Wahl getroffen haben, wird die Zukunft zeigen. Wenn das Leben weitergehen soll, ist es jedoch nötig, eine Entscheidung herbeizuführen.

3
Frauen scheinen zum Überleben bestimmt

Wie sie den Anschluß an das Leben finden

Warum werden gerade den Frauen die besseren Chancen eingeräumt, als Hinterbliebene eher zurechtzukommen, als Männern? Bezeichnet man sie doch gerne als »schwaches« Geschlecht, wenn es darum geht, eine Tat zu vollbringen, die den ganzen Einsatz fordert! In körperlicher Hinsicht trifft dies auch meist zu, nervlich und seelisch aber ist die Frau belastbarer als der Mann.

Das beste Beispiel dafür ist der Krieg. In ausgebombten Städten mußten die Frauen sich und ihre Kinder oder Eltern retten und versorgen. Wohl jede Frau, die die ständige Verzweiflung und Angst vor neuen Bombenangriffen erlebte, ist davon geprägt. Während mancher Mann sich nach dem Krieg nur schwer wieder an das zivile Leben gewöhnte, hatten die Frauen längst verstanden, worauf es in höchster Not ankam.

Aber trotz der Stärke – die Frauen in gleichem Maß wie ihre Männer beweisen mußten – fällt es ihnen häufig leichter als den Männern, Gefühle zu zeigen und auszudrücken. Vielfach gilt auch heute noch: Ein Mann weint nicht! Wie wichtig die Fähigkeit zu weinen jedoch ist, darauf werden wir noch zurückkommen. Weinen in Trauer um einen geliebten Menschen kann in unaufhörlichem Jammern enden und zu Depressionen führen; es kann aber auch das leidvolle Herz von der tiefen Trauer gleichsam reinwaschen und eine Wende einleiten, die uns in der schwersten Krise positive und mutige Gedanken fassen läßt.

Frau F. schildert ihre Erfahrungen nach dem Tod ihres Mannes folgendermaßen: »Schon seit Tagen war mein Mann nicht mehr so recht bei Bewußtsein. Einige klare Momente, doch dann erkannte er weder die Kinder noch mich wieder. Ich hatte ihn aus dem Krankenhaus nach Hause geholt. Er sollte in seiner vertrauten Umgebung sterben. Die Ärzte konnten doch nichts mehr für ihn tun. Obwohl wir alle mit seinem Ableben gerechnet hatten, waren wir doch sehr getroffen, als unser Hausarzt einige Tage später seinen Tod feststellte. Als ich die Worte ›zu Ende‹ hörte, war auch in mir etwas zu Ende. Es heißt immer, die Krankheit bereite einen Menschen auf dieses Ereignis vor. Man war ja darauf gefaßt – rational. Aber irrational hatte ich von einem Tag zum anderen insgeheim Hoffnung, die unsinnige Hoffnung, daß sich der Tod noch hinauszögern würde.

Wir besaßen ein Elektrogeschäft, das mein Mann bisher allein geführt hatte. Ich stand also nicht nur mit den

Kindern plötzlich allein da, die zwar schon fast erwachsen waren, aber noch keine Ausbildung hatten. Es kam nun auch noch das Geschäft dazu. Ich fühlte mich ziemlich hilflos und wußte weder im Einkauf noch in der Buchhaltung Bescheid. Am liebsten hätte ich damals alles verkauft. Doch es war immer unser beider Ziel gewesen, das Geschäft einmal einem unserer beiden Kinder zu übergeben. Von nun an verbrachte ich meine Zeit damit, unter der Anleitung meiner zwei Angestellten mit dem Geschäft vertraut zu werden. Als nächstes meldete ich mich an der hiesigen Volkshochschule zu einem Buchführungskurs an. Mit vierundfünfzig Jahren war ich die älteste Teilnehmerin und kam mir recht unbehaglich vor. Doch als all die anderen Teilnehmer meinen Mut bewunderten, erfüllte mich mein Tun mit Stolz und Freude. Nach drei Jahren bin ich heute ›voll im Geschäft‹, wie man so schön sagt. Mein Sohn absolviert in einem anderen Betrieb eine Lehre als Elektriker und wird einmal unser Geschäft übernehmen.

Vielleicht war es bei mir Trotz, und ich wollte deshalb besonders gut sein, weil mein Mann mich stets spüren ließ, daß ich keine Ahnung von diesen Dingen hatte. Allgemein unternehme ich heute vieles, das meinen Mann, wüßte er davon, überraschen würde. Ich reise gerne, wozu er früher all seine Überredungskunst aufbieten mußte. Ich repariere vieles selbst, das ich mir früher nie zugetraut hätte. Als Geschäftsfrau versteht es sich, daß ich sehr auf mein Äußeres achte. Aber es macht mir auch

Spaß, mehr auf mein Aussehen zu achten. Den Anschluß an das Leben habe ich hundertprozentig wiedergefunden.«

Frauen besitzen oft mehr seelische, geistige und körperliche Kraft, als Männer und die Umwelt wahrhaben wollen. Manche Witwe vermißt es, ihren Kopf schutzsuchend an die Schulter ihres Mannes lehnen zu können. Dennoch gibt sie nicht auf. Sie kann stark, aber gleichzeitig verständnisvoll und einfühlsam für die Sorgen der Kinder sein.

In der Haushaltsführung findet sich eine zurückgebliebene Frau allgemein besser zurecht als ein Mann. Aber das allein ist es ja nicht. Wie steht sie zur Außenwelt, wie wird sie akzeptiert? Kann sie auf beständige soziale Kontakte zurückgreifen? War sie mit einem Mann verheiratet, der im öffentlichen Leben stand, Ansehen genoß und beruflich Karriere gemacht hatte, empfindet sie es oft so, als sei sie ohne ihn nur noch die Hälfte wert. Viele Frauen werden nur als schönes Aushängeschild, als Anhängsel ihres Mannes betrachtet. Sobald er nicht mehr lebt, sind auch sie für die Umwelt uninteressant geworden. Aus Höflichkeit erhalten sie zunächst noch Einladungen, die sie aus Trauergründen ohnehin ablehnen, bis sie dann ganz in Vergessenheit geraten.

Heute bieten sich jedoch viele Möglichkeiten, den Anschluß an das Leben nicht erst zu verlieren oder aber wiederzugewinnen. Dazu gehören Reiseangebote, speziell auch für die ältere Generation, Sport- oder andere

Hobby- und Neigungsgruppen, Kursangebote und Vereine, um nur einige zu nennen.

Wesentlich ist es, eine Aufgabe zu haben, durch die wir auch andere Menschen kennenlernen können. Der Kontakt mit ihnen vermittelt uns Anregungen, neue Gedanken und eröffnet vielleicht weitere Interessens- und Betätigungsbereiche.

Wer über viele Jahre gewohnt war, für die Familie zu sorgen und den Haushalt in Ordnung zu halten, dem fällt dies auch im Alter nicht schwer. Viele Frauen pflegen die äußere Erscheinung im Alter vielleicht mehr als in der Jugend, denn nun haben sie Zeit für sich. Wer jung ist, kann ohne Mühe hübsch aussehen. Später jedoch bedarf es außer etwas Make-up auch einiger Turn- oder Schwimmübungen und Wanderungen zur Belebung und Straffung der Haut. Da dies aber allein keinen Spaß macht, finden sich schnell Gleichgesinnte zusammen. Manch einer Frau fehlt nur der Schwung und jemand, der sie begleitet. Die Aktivität steigert das körperliche Wohlgefühl, verleiht besseres Aussehen und damit auch mehr Selbstsicherheit bei Begegnungen mit anderen Menschen. Das Leben wird wieder positiv betrachtet.

Frieda verlor ihren Mann mit fünfundsechzig Jahren. Mit ihm verlor sie einen treuen Lebensgefährten, mit dem sie nicht nur die Sorgen und Probleme, Freuden und Leiden ihrer Ehe geteilt hatte, sondern auch viele Hobbys und Interessen. In der Beziehung zu ihren Bekannten änderte sich zunächst nichts. Frieda wurde eingeladen und besucht, doch bald riß der Kontakt mehr und mehr ab. Frieda hatte keine rechte Lust, stets allein zu ihren Freunden zu gehen, während die anderen mit ihren Frauen oder Männern kamen. Am meisten aber vermißte sie die gemeinsamen Reisen, die wunderbaren Wanderungen, die sie oft mit ihrem Mann unternommen hatte. Auch ihr Mann war noch rüstig gewesen, beide hatten in ihrem Seniorenklub dem Kegelverein angehört. Dieser bestand ebenso nur aus Paaren, und so verlor Frieda auch hieran das Interesse. Das Leben kam ihr leer und verbraucht vor, und es fiel ihr nicht schwer, zu ihrer verheirateten Tochter in eine entfernte Stadt zu ziehen.

Bei ihren Enkelkindern lebt Frieda richtig auf. Interessiert sieht sie dem sechzehnjährigen Jan zu, wie er einen Computer bedient. Aber er und seine zwei Jahre jüngere Schwester hören ebenso gerne zu, wenn die Großmutter von früher erzählt. Frieda hatte eine völlig falsche Vorstellung von der Jugend. Sie meinte, die Kinder hätten nur »moderne« Interessen, die sich mit ihren nicht deckten. Doch sie hat sich getäuscht. Die Kinder sind ihr sehr zugetan und stellen ihre rüstige Oma stolz ihren Freunden vor. Seit ein paar Wochen joggt sie mit ihnen durch das nahe gelegene Waldstück. Vielleicht entstand diese enge Beziehung, weil Frieda wirklich Zeit für die Kinder hat, denn beide Eltern sind ganztags in der eigenen Drogerie beschäftigt. Vielleicht auch, weil Frieda trotz ihrer fünfundsechzig Jahre jünger wirkt. Sie ist körperlich und geistig aktiv und stets aufgeschlossen für die Fragen und Sorgen ihrer Enkelkinder. Oft führen sie lange Gespräche. Frieda hätte nie gedacht, daß ihr Leben und die frühere Zeit für die jungen Leute so interessant sein könnten. Sie und die Kinder wurden gute Freunde, und Frieda hat den Anschluß an das Leben wiedergefunden.

Ein älterer Mensch ist körperlich zwar meist schwächer, braucht sich deshalb aber nicht zur Untätigkeit verurteilt zu sehen. Weder Alter noch Jugend sind ein Verdienst. Geistige Flexibilität, Aufgeschlossenheit und Teilnahme am Geschehen der Umwelt sind jedoch ein Verdienst, mit dem wir in jedem Alter und auch nach einem Verlust immer wieder fest im Leben stehen können.

Weinen ist wichtig, ja sogar gesund

Karoline stand am Fenster und schaute gedankenverloren in den nahen Park hinüber, in dem die Kinder fröhlich Fußball spielten. »Wie unbeschwert diese Kinder doch sein können!« dachte sie bei sich. »Ob ich jemals wieder ebenso unbeschwert in die Welt blicken kann?« Viel Hoffnung hatte sie nicht. Zwei Monate waren seit dem Tod ihres Albert vergangen, aber fassen, glauben konnte sie es immer noch nicht. Manchmal war ihr, als käme er zur Tür herein, würde sie ansprechen. Ganz deutlich meinte sie, seine Stimme zu hören. »Es kann doch nicht wahr sein, daß Albert nicht mehr hier ist«, fuhr es ihr wie schon so oft durch den Kopf. Vor gar nicht langer Zeit war er noch hier in diesem Sessel gesessen, hatten sie ein Glas Wein zusammen getrunken. Das alles sollte nun vorbei sein? Es würde lange dauern, bis Karoline sich an die Realität gewöhnt hatte.

Tränen liefen über ihr Gesicht. Wann hatte sie das letzte Mal geweint? Sie wußte es gar nicht. Wie ein Film lief ihr Leben noch einmal vor ihren Augen ab. Beide hatten sich so auf ihren Lebensabend gefreut. Nur zwei Jahre hatte Albert seine Pensionierung genießen können. Dann ereilte ihn ein Herzschlag. Viel Zeit für sich selbst hatten beide bisher nicht gehabt. Die Kinder mußten versorgt werden. Als sie in die Schule gingen, arbeitete Karoline vorübergehend wieder, um die Haushaltskasse aufzubessern. Jetzt, da die Kinder erwachsen waren und das Elternhaus verlassen hatten, wollten Karoline und Albert sich einen Urlaub gönnen, gemeinsame Interessen verwirklichen und sich einen geruhsamen Lebensabend gestalten. »Warum ist das Schicksal oft so ungerecht, wo bleibt da noch der Sinn des Lebens?« fragte sich Karoline bitter.

Plötzlich brach alles aus ihr heraus, was sich in den letzten Wochen aufgestaut hatte. Den Tod und die Beerdigung hatte sie noch einigermaßen gefaßt überstehen können. Erst danach zeigte sich das ganze Ausmaß des Verlustes. Es war ihr, als müsse sie alle ohnmächtige Wut, die sich in ihrem Innern geballt hatte, herausschreien. Von einem Weinkrampf geschüttelt, saß sie zusammengesunken im Sessel, bis sie schließlich keine Tränen mehr hatte, leer und ausgebrannt war, aber dennoch irgendwie erlöst, als hätten die Tränen ihre Traurigkeit ein wenig weggewaschen.

Sich einmal so richtig auszuweinen, tut gut. Damit spülen wir nicht nur unseren Kummer weg, sondern – und das ist erwiesen – auch verschiedene Streßstoffe aus unserem Körper. Auf diese Weise geht es uns nicht nur seelisch besser, sondern das Weinen trägt auch zum körperlichen Wohlbefinden bei.

Weinen gehört ebenso zum Leben wie Lachen und Fröhlichsein. Es ist Ausdruck unserer Gefühle. Leider wird das Weinen häufig dem trotzigen Losheulen gleichgesetzt, das manche Menschen als Druckmittel zur Durchsetzung ihrer Wünsche veranstalten. Ein echtes Sich-etwas-von-der-Seele-Weinen bedeutet jedoch viel mehr und kann uns in einer schwierigen Situation eine wirkliche Hilfe sein. Das Weinen schwemmt manchen Kummer fort und läßt uns neue, klare Gedanken fassen, weil wir die Dinge nun mit anderen Augen betrachten können. Wir brauchen uns unserer Tränen nicht zu schämen und sollten nicht warten, bis es wirklich nicht mehr weitergeht oder bis wir alleine sind.

In unserer hochtechnisierten Welt ist es weitgehend aus der Mode gekommen, Gefühle zu zeigen. Doch sie sind wichtiger denn je. In einer materiell ausgerichteten Welt ohne geistige Orientierung und menschliche Zuwendung findet unsere Seele keinen Schutz mehr. Mancher von uns wird verkannt, weil er stets streng gegen sich und andere erzogen wurde. Er möchte »sein Gesicht nicht verlieren«, und hinter der immer gleichen Fassade verbergen sich häufig Probleme, von denen niemand etwas ahnt und die der Betroffene selbst oft nur mit großer Mühe unterdrücken kann. Solche Menschen empfänden es zwar als erlösend, sich einmal richtig auszuweinen, sie können sich aber ihre Tränen nicht erlauben.

Es lohnt sich, einmal darüber nachzudenken, was uns hindert, unsere Gefühle und unsere Tränen zu zeigen. Im allgemeinen steht die unbewußte Angst dahinter, durch Schutzlosigkeit unsere Sicherheit zu gefährden. Dabei ist Weinen schon deshalb wichtig, weil unsere Mitmenschen uns besser verstehen lernen. Allzuoft wird unsere »Stärke« sonst mißverstanden und »ausgenützt«, indem wir als »Blitzableiter« für den Ärger und die Sorgen anderer betrachtet werden. Daß wir aber oft genug eigene Probleme haben, darüber denkt niemand nach. Jeder Mensch ist verletzbar. Niemand darf seinen Kummer und seine Sorgen in sich vergraben.

Sybille hat seit dem Tod ihres Mannes außer sich selbst noch zwei Kinder zu versorgen. Trotz der Trauer und des schmerzlichen Leids nahm sie sich vor, ihren Kindern stets Freude und Heiterkeit zu vermitteln. Denn sie weiß, wie sehr sie unter dem Verlust leiden. Die Kinder fragen oft nach ihrem Vater, und Sybille antwortet, so gut es ihre Verfassung zuläßt, auch wenn es ihr manchmal schwerfällt und sie die Tränen nur mühsam zurückhält.

Vor den Kindern möchte sie nicht weinen, um deren Trennungsschmerz nicht zu vergrößern. Aber hin und wieder besucht sie eine Freundin, bei der sie sich aussprechen und ausweinen kann. Dadurch löst sich vieles in ihr, und sie übersteht die folgende Zeit wieder besser.

Ohne Weinen kommt niemand im Leben aus. Es gibt immer wieder Situationen, in denen wir verzweifeln und nicht mehr weiterwissen. Dann können Tränen, denen wir freien Lauf lassen, eine große Hilfe sein. Weinen ist wichtig, denn wer nicht weinen kann, der kann auch nicht von Herzen lachen und fröhlich sein.

Trauern – was heißt das, und wie lange darf es sein?

Wie trauern die Betroffenen um den Ehemann, die Ehefrau, die Eltern, die Großeltern, die Kinder oder die Geschwister? Was heißt das, wir *trauern?* Bezieht es sich nicht vielmehr auf das Schicksal des Hinterbliebenen selbst? Schwäche, Hilflosigkeit, Versagen, Leid, Neuanfang und das Alleinweiterleben stimmen uns erst richtig traurig. Der Sinn des Lebens wird in Frage gestellt. Mit dem Tod des Partners sind noch Wünsche und Träume zurückgeblieben, die nicht mehr verwirklicht werden können. Der Betroffene muß sich gleichsam geschlagen geben. Oft verfällt er dabei in eine tiefe Krise. Lebensfreude und Erwartungen werden völlig überdeckt, und es bleibt nichts, das das Leben erhellt. Diese Leere steigert sich meist noch zur Wut gegen das Schicksal, nicht selten entwickeln sich auch Schuldgefühle. Dies kann sogar zum Gefühl totaler Wertlosigkeit und zur Mißachtung der eigenen Person führen. In tiefer Trauer und im Leid fällt es uns besonders schwer, die Zeit der Erinnerungen als Geschenk anzusehen und dankbar anzunehmen. Die Zukunft, die man mit dem nun Verstorbenen hätte verbringen können, wiegt viel mehr. Das Gefühl des Alleinseins, das jetzt zu bewältigen ist, wird noch verstärkt, wenn körperliche Einschränkungen dazukommen.

Trauern können wir aber auch auf ganz andere Weise. In unserem Herzen lebt der Verstorbene weiter. Und wenn wir das Leben jetzt ohne ihn fortsetzen müssen, lassen wir ihn in Gedanken daran teilnehmen.

Vor gut drei Jahren verlor Christiane ihren Mann. Er starb an Magenkrebs. Die ersten Wochen nach seinem Tod fühlte sie sich wie ausgebrannt. Ein großer Teil von ihr war gleichsam mitgestorben. Brunos Tod kam ihr wie eine Amputation vor. Schließlich waren beide über vierzig Jahre verheiratet gewesen. Mit ihm war ihr jede Freude am Leben genommen worden, obwohl sich ihre Kinder und Freunde rührend um sie kümmerten. Zunächst hatte Christiane fast panische Angst, auch ihnen könnte etwas passieren. Noch mehr Mitglieder ihrer Familie zu verlieren, würde sie nicht überstehen. Fast jede Nacht hatte sie den gleichen Traum, nämlich daß eines der Kinder ebenfalls vom Tod bedroht war, und wachte dann schweißgebadet auf. Aber trotz ihrer Trauer hatte sie einen Trost: die Intensität ihres Zusammenlebens in den letzten Monaten vor Brunos Tod, als er ihrer ganzen Fürsorge bedurfte. Und sie tat dies mit so viel Energie und Liebe, daß sie noch heute gerne daran zurückdenkt.

Die Angst vor dem Tod schafft eine starke Bindung zwischen zwei Menschen. Plötzlich wissen sie, wie sehr sie zusammengehören. In der Ehe ahnen sie es, aber sie leben, ohne darüber nachzudenken. So kann ein Leiden, das zum Tode eines Partners führt, auch noch eine hilfreiche Seite haben. Die Umstände zeigen uns, mit welch liebenswertem Menschen wir ein Leben lang zusammensein durften. Diese Gedanken gehören gerade dann zur Trauer, wenn sich nur Verzagtheit, Schwermut und Zweifel am Dasein breitgemacht haben.

Die letzte Zeit mit Bruno hat Christiane verändert. Ihr ist klargeworden, wie wichtig und wertvoll sie beide füreinander waren. Dies wird uns oft erst dann klar, wenn wir unseren Partner brauchen und von ihm Hilfe erfahren oder ihm selbst unsere Hilfe geben, die er dankbar annimmt. Christianes Maßstäbe sind jetzt völlig anders. Sie hat gelernt, das Wichtige vom Unwichtigen zu unterscheiden, und hält sich nicht mehr mit Nebensächlichkeiten auf. Auch das gehört zur Trauer um einen lieben Menschen, nämlich das eigene Leben in seinem Sinn weiterzuführen. Niemand möchte doch, wenn er stirbt, daß der Hinterbliebene seelisch daran zugrunde geht.

Christiane hat das erkannt. Durch die Erfahrung, die sie vor Brunos Tod gemacht hatte, ist das Weiterleben zum Positiven geprägt worden.

Was heißt »in seinem Sinn weiterleben«? Wir müssen keineswegs nur das tun, was der Verstorbene getan hätte, oder sein Lebenswerk weiterführen, wenn wir nicht dazu in der Lage sind oder es nicht wollen. Dennoch können wir uns bei jeder Entscheidung fragen: »Wie hätte er wohl entschieden?« und ihn so stets in unsere Gedanken mit einbeziehen. »Allein verreisen? Warum nicht? Bisher waren wir gemeinsam weggefahren. Doch es war unser beider Leidenschaft. Ich führe sie nun allein fort.« Trauern muß nicht in den eigenen vier Wänden stattfinden.

Mehr und mehr befassen sich heute die Medien mit Randgruppen der Gesellschaft, deren schwierige Existenz in den Jahrzehnten des Wiederaufbaus und allgemeinen Strebens nach materieller Zufriedenheit in den Nachkriegsjahren mit gutem Erfolg aus dem Bewußtsein verdrängt wurde. Dennoch ist es erstaunlich, wie sich das Bewußtsein trotz eines sensibilisierten öffentlichen Gewissens der Problematik von Tod und Trauer immer noch weitgehend verschließt. Hierfür gibt es wohl mehrere Gründe. Trauer ist kein gesellschaftlich teilbares, sondern ein individuelles Gefühl. Trauer im eigentlichen Sinn ist ein rein seelisches Erleben nach dem Tod eines Menschen, mit dem der Hinterbliebene eng verbunden war. Der Bereich von Tod und Trauer ist stark von Vorurteilen und Verdrängungen belastet. Es beginnt bereits bei dem Wort »Witwe«. Mit ihm verbindet sich sogleich der Gedanke an dunkle Wohnküchen und bittere graue Frauen, daneben aber auch an die zum hämischen Slogan gewordene »lustige Witwe«, als sei das Zusammentreffen von Witwentum und Trauer ein bemerkenswertes Phänomen.

Trauer muß langsam in ein An-ihn-Denken übergehen, was der Hinterbliebene ohnedies immer tun wird. Trauer darf aber nicht in seelischen Depressionen und Selbstaufgabe enden. Es ist wichtig, die eigene Persönlichkeit zu bewahren, weil wir den Anschluß an das Leben nicht verlieren dürfen. Ergebenheit, Liebe, Sehnsucht, Anhänglichkeit, Begehrlichkeit oder Ehrgeiz muß sich jeder erhalten, um Enttäuschungen ohne Schaden überwinden zu können. Je schwerer jede Art von Abschiednehmen fällt, desto näher rücken wir an den Punkt, an dem wir die Umkehr unbedingt lernen müssen. Dazu gehört, daß wir unsere Gedanken in eine harte Schule nehmen. Sehnsüchtige Erwartungen und ungerechtfertigte Wunschvorstellungen entferne ich möglichst aus meinem Kopf. Mißerfolge kalkuliere ich bei meinen jetzigen Tätigkeiten ein. Schmerzhafte Erinnerungen versuche ich bewußt aufzuarbeiten. Auf diese Weise werden meine Gedanken nicht zum Feind, der mich mit vergangenen Erinnerungen quält. Ich nehme mir vor, nachdenklich und zufrieden zu werden. Damit mache ich mich innerlich frei, und mein Leben bekommt wieder einen Sinn. So wird der Augenblick durchlässig für die

Zukunft. Wir können Dinge und Menschen als wertvoll erleben und lieben. Auch das gehört zur Trauer, damit sie uns trotz des Leides den Blick nach vorn nicht verstellt und uns nicht alle Hoffnung nimmt.

Ebenso steht es mit der Trauerkleidung. In vergangener Zeit war es üblich, mindestens ein Jahr lang schwarz gekleidet zu gehen. In manchen Ländern gilt dies heute noch. Schwarz ist von jeher die Farbe des Todes. Das hat sich heute jedoch weitgehend geändert. Denn die Farbe der Kleidung sagt nichts über die seelische Verfassung aus. Trauer findet im Herzen statt. Was der einzelne tatsächlich empfindet, vermag ein Außenstehender nicht zu beurteilen. Soll der Betroffene zusätzlich zu seinem Leid auch noch durch die dunkle Farbe seiner Kleidung täglich an sein schweres Schicksal erinnert werden?

Aber nicht nur die Kleidung – und wie lange sie getragen werden soll – ist heute umstritten. Trauern heißt für viele Hinterbliebene, die ihren Partner durch den Tod verloren, sich keinem anderen Partner mehr zuzuwenden. »Ich habe nur meinen Mann geliebt«, heißt es häufig. »Einen anderen werde ich nie so lieben können.« Doch das Leben mit all seinen Pflichten und Aufgaben, die es für uns bereithält, geht weiter. Oft sind wir allein nicht imstande, sie zu erfüllen. Nach einer gewissen Zeit – von vielleicht einem Jahr oder länger – können wir uns beruhigt und ohne ein schlechtes Gewissen zu bekommen wieder den angenehmen Seiten des Lebens zuwenden. Wenn wir den Verstorbenen aufrichtig geliebt haben, werden wir ihn, sollten wir einen neuen Partner finden, trotzdem nicht ganz vergessen.

Helga ist vierundfünfzig Jahre alt. Vor fünf Jahren verlor sie ihren Mann durch einen Autounfall. Die Kinder sind erwachsen und längst aus dem Elternhaus ausgezogen. Vor zwei Jahren verkaufte Helga das Haus, in dem sie mit ihrem verstorbenen Mann viele glückliche Jahre verbracht hatte. Sie zog zu ihrer Tochter, die mit ihrer Familie in einer anderen Stadt wohnt. Ganz leicht fiel ihr der Verkauf des Hauses nicht, denn viele Erinnerungen waren mit ihm verbunden. Doch Helga konnte die Instandsetzungskosten nicht mehr aufbringen.

Vor zwei Jahren lernte sie einen ebenfalls verwitweten achtundfünfzigjährigen Herrn kennen. Er begegnete ihr mit der Aufmerksamkeit, die eine Frau sich wünscht, und nach einigen gemeinsamen Unternehmungen fuhren sie auch gemeinsam in Urlaub. Anfangs hatte sie ein schlechtes Gewissen, doch der Tod ihres Mannes war immerhin drei Jahre her. Sollte sie jetzt schon auf alles verzichten, was eine neue Partnerschaft zu bieten hatte? Sogar ihre Tochter ermunterte sie, nicht mehr allein zu bleiben. Helga lebt nun mit ihrem neuen Partner in dessen Wohnung zusammen. Heiraten möchte sie nicht mehr, aber sie ist heute eine zufriedene und glückliche Frau geworden, die sie lange Zeit nicht war. Ihren Mann hat sie dennoch nicht vergessen, immerhin war sie über dreißig Jahre mit ihm verheiratet gewesen, und er lebt auch in ihren Kindern weiter. Ihr neuer Partner ist ebenfalls Witwer. Auch er hatte schwer unter dem Verlust seiner Frau gelitten. So versteht er, wenn Helga manchmal ihren Erinnerungen nachhängt, und hat stets tröstende Worte für sie, die sie aufmuntern und das Leben wieder von der schönen Seite betrachten lassen.

Trauer muß irgendwann in eine Erinnerung übergehen. Das geschieht am besten, wenn wir dem Leben wieder einen Sinn abgewinnen können. Denn Trauer muß nicht Einsamkeit, Enthaltsamkeit und Alleinleben bedeuten.

Aufrichten durch Aufgaben

Tausende fühlen sich nach dem Tod ihres Partners sehr einsam. Aus dieser Einsamkeit entspringen Angst, Hoffnungslosigkeit und Verzweiflung. Dadurch wird das Leiden schlimmer, und sie geraten immer mehr in die Isolation.

In dieser Lage gilt es, sich klarzumachen, daß man sich nicht mit diesem Zustand abfinden muß und eigentlich auch nicht will. Aber was richtet einen Menschen auf, der allein ist und zu dem seelischen Schmerz noch tiefe Einsamkeit empfindet? Ich suche mir eine Aufgabe, die mich – wenn auch nicht gleich zufriedenstellt – jedoch zumindest von meinen Gedanken ablenkt. Dabei sind zunächst die geistigen und körperlichen Fähigkeiten zu berücksichtigen. Hier haben es ältere Menschen meist etwas schwerer, eine Aufgabe zu finden. Frauen, die ihren Haushalt noch selbst versehen, können dies zwar als Aufgabe betrachten, aber wie schnell ist er erledigt. Niemand außer der Betroffenen selbst muß versorgt werden. Und am schlimmsten sind meist die Abende, die die Partner sonst gemeinsam gestalteten. Eine Aufgabe füllt nicht nur die Zeit aus, sondern bietet auch die Möglichkeit, anderen Menschen zu begegnen, Gedankenaustausch zu pflegen, und – was ganz wichtig ist – vermittelt das Gefühl, noch gebraucht zu werden.

Meta ist zweiundsiebzig Jahre alt und für ihr Alter noch sehr rüstig. Vor einem Jahr starb ihr um fünf Jahre älterer Mann. Die beiden Kinder wohnen in entfernt gelegenen Orten. Meta könnte zu ihnen ziehen, doch sie möchte den Ort, in dem sie so viele Jahre mit ihrem Mann verbrachte und sich einen guten Bekanntenkreis schuf, nicht verlassen.

Wenn sie mit ihrem Einpersonenhaushalt fertig ist, scheint für sie die Zeit stillzustehen. Nachmittags machten sie und ihr Mann sonst immer einen Spaziergang und fütterten die Enten am nahen Teich, oder sie genossen auf dem Balkon die Sonne. Das vermißt Meta sehr, denn allein bedeuten ihr diese Dinge nicht viel. Bei einem Kaffeekränzchen in froher Runde kommt Meta plötzlich eine Idee. Sie kennt zwei junge Frauen, die im selben Haus wohnen und sich abwechselnd um die Kinder kümmern, damit jede von beiden wenigstens halbtags arbeiten kann. Bestimmt gab es noch mehr junge Mütter, denen eine Hilfe gelegen käme. Metas Idee entwickelt sich zu einer guten Sache. Seit etwa drei Monaten besteht eine Telefonkette in Metas Freundeskreis. Abwechselnd betreuen die älteren Frauen oder Männer Babys, holen Kinder vom Kindergarten ab, beaufsichtigen Kinder, wenn die Eltern einmal das Haus verlassen müssen. Auch diejenigen, die nicht mehr gut zu Fuß sind, haben eine Aufgabe gefunden.

Alte Menschen müssen keineswegs unter sich bleiben. Der Gedankenaustausch mit Jüngeren bereichert. Diese wiederum suchen Vorbilder und erfahren gerne etwas darüber, wie das Älterwerden in unserer Gesellschaft erlebt wird.

Viele alleinstehende Frauen, die nun für sich selbst sorgen müssen, leben vorübergehend oder ausschließlich von der Sozialhilfe. Eine ganze Reihe von ihnen hätte Anspruch auf eine Unterstützung. Dennoch lehnen viele diese Sozialhilfe trotz drückender Not ab, weil sie nicht nur befürchten, als Bettler abgestempelt zu werden, sondern auch tatsächlich das Gefühl haben, Bettler zu sein. Bisher hatte der Mann sie finanziell versorgt, alles für sie geregelt. Mangelnde Information, Scham, Unsicherheit im Umgang mit Behörden, Stolz und Angst vor Diskriminierung lassen sie auf ihr Recht verzichten. In dieser Situation haben sich alte, alleinstehende Menschen zu einer Sozialhilfestation, zu der jedoch auch jüngere Frauen gehören, zusammengefunden. Hier helfen und beraten sie sich gegenseitig, wenn sie in Not geraten sind.

Die Aufgaben dort fordern die Betroffenen wieder und bedeuten gleichzeitig eine Hilfe für sie selbst.

Ein wichtiger Rat an jeden Menschen, der nach langjähriger Ehe oder Partnerschaft allein zurückbleibt, lautet: Suchen Sie sich Aufgaben. Rufen Sie Bekannte oder Freunde an. Vielleicht brauchen gerade sie Ihre Hilfe oder wissen jemanden, dem Sie helfen können. Fragen Sie auch nach gemeinsamen Interessen, bauen Sie sie gemeinsam aus. Oder Neues kann in Angriff genommen werden. Vor allem Frauen, die es gewohnt waren, für sich und ihre Familie zu sorgen, fühlen sich alleine bald nutzlos und »aufs Abstellgleis geschoben«. Solange es ihre Kräfte noch zulassen, möchten sie sich aber betätigen. Viele alleinstehende Menschen äußern in erster Linie den Wunsch nach Gesellschaft, um ihrem Leben einen erneuten Sinn geben zu können. An zweiter Stelle steht der Wunsch nach Aufgaben, die ihre überschüssige Energie in die richtige Bahn lenken. Ohne ihren Partner fühlen sie sich oft überflüssig und wertlos. Für die meisten Frauen bedeutet der Tod ihres Mannes auch eine existentielle Veränderung. Eine solche Situation verstärkt für den Hinterbliebenen noch die zweifelnde Frage nach dem Sinn des Lebens. Die Lücke, die der Verstorbene hinterläßt, ist nicht mehr zu füllen. Die Trauer bleibt, auch wenn sie im Laufe der Jahre etwas abklingt. Wie können Aufgaben dazu beitragen, daß das Leben wieder einen Sinn erhält? Selbstverständlich ist nicht gemeint, daß wir körperliche Kunststücke oder übertriebene Leistungen vollbringen sollen. Aber wer für die verschiedenen Lebensformen offen ist, wer das Erarbeitete immer wieder hinterfragt und überprüft und wer sich immer wieder neu am Leben mit seinen Erscheinungsformen und an anderen Menschen begeistern kann, bleibt geistig frisch und findet stets eine produktive Betätigungsmöglichkeit. Es gibt keinen Zeitpunkt im Leben, zu dem es sich nicht lohnen würde, neu anzufangen, Menschen kennenzulernen oder sich einer Aufgabe hinzugeben. Mit Aufgaben sind nicht Beschäftigungen, wie Spaziergänge, Briefmarkensammeln oder das Lesen eines Buches, gemeint, sondern Tätigkeitsbereiche, die in geistiger oder körperlicher Hinsicht unseren ganzen Einsatz fordern. Sie führen uns mit Menschen zusammen und holen uns aus der Passivität heraus.

Eine Krankenschwester, die seit einigen Jahren nicht mehr im Dienst ist, fühlt sich nach dem Tod ihres Mannes erneut zu ihrem früheren Beruf hingezogen. Da ihre Stelle im Krankenhaus längst neu besetzt wurde, arbeitet sie als freiwillige Helferin in einer Sozialstation.

Eine pensionierte Lehrerin, ebenfalls verwitwet, gibt Nachhilfeunterricht, sogar unentgeltlich. Inzwischen hat sie bereits fünf kleine Schützlinge, die regelmäßig zu ihr zum Lesen, Schreiben, Rechnen und Musizieren kommen.

Eine andere Witwe mittleren Alters, die einmal Handarbeitslehrerin war und ihren Beruf wegen ihrer Kinder aufgegeben hatte, leitet heute Strick- und Häkelkurse und bastelt mit den Kindern aus dem Ort in der Vorweihnachtszeit Geschenke für die Eltern.

Nur Beispiele? Durchaus nicht. Frauen, die ihr Leben lang gearbeitet haben – zu Hause oder in einem anderen Beruf –, können sich nicht plötzlich umstellen und die Hände in den Schoß legen. Daß eine Aufgabe geistig und körperlich aktiv hält und über schwere Zeiten hinweghilft, wurde bereits gesagt.

4
Männer lernen, sich wieder zu helfen

Zunächst helfen alle anderen

Sie stehen im Beruf ihren Mann. Wenn jemand Karriere macht, ist dies meistens das »starke« Geschlecht. Männer sorgen für Frau und Kinder, führen Kriege, regieren und sind an der Macht. Wenn sie nach einem guten Eheleben die Partnerin verlieren, scheint die Welt für sie zusammenzubrechen. Warum empfinden sie dies so stark? Gerade bei älteren Männern, die nicht mehr im Beruf stehen, ist die Zeit des Erfolgs vorüber. Die Kinder sind aus dem Haus. Der Mann kann auf ein erfülltes Leben zurückblicken, weil er Karriere gemacht und seinen Kindern einen guten Start ins Leben ermöglicht hat. Jetzt möchte er sich mit seiner Frau zurückziehen und mit ihr einen geruhsamen Lebensabend verbringen. Da geschieht das Unfaßbare. Er verliert sie durch den Tod. Wie werden Männer damit fertig?

Herbert, ein seit vier Jahren im Ruhestand lebender Studienrat, mußte diese bittere Erfahrung vor zwei Jahren machen, als seine Frau plötzlich und unerwartet an Herzversagen starb. Herbert war in der Familie stets derjenige gewesen, von dem fast alle Entscheidungen ausgingen. Seine Frau hatte ihn in allen Angelegenheiten um Rat gefragt, betraf es nun finanzielle Dinge, Urlaub, Erziehung der Kinder oder auch die Kleidung. Kurz gesagt: Wie im Beruf, so sollte auch zu Hause seine Entscheidung gelten. Durch den Tod seiner Frau änderte sich Herberts Leben plötzlich. Er stand allein vor diesen oder jenen »Nebensächlichkeiten und Kleinigkeiten«, wie er den Haushalt stets zu umschreiben pflegte. Der sonst so lebenstüchtige Mann war gebrochen, fand keinen Halt mehr und verlor seinen Lebenswillen. Erst jetzt wurde ihm bewußt, was ihm seine Frau mit ihrer Liebe, Ruhe und Ausgeglichenheit bedeutet hatte.

Seine Kinder, Freunde und Nachbarn kümmerten sich rührend um ihn. Doch nach einer gewissen Zeit flacht auch die wohlwollendste Hilfe ab. Jeder hat wieder mit sich selbst zu tun, und Herbert spürte bald, daß dies kein Zustand auf Dauer war. Die Besuche verkürzen sich zu Telefonaten, bis es sich schließlich nur noch um Pflichtanrufe handelt, die man dem Trauernden ja zuweilen abstatten muß. Schon bald fühlt sich niemand mehr so recht zuständig für das Leiden des Hinterbliebenen. Es wird dann mit dem Satz »Wenn du einen Rat oder Hilfe brauchst, dann melde dich« abgetan. Aus Höflichkeit erfolgen noch Einladungen zu den üblichen Geburtstagsfeiern, weil der Betroffene zunächst aber keine rechte Lust zum Feiern entwickelt, bleibt er lieber zu Hause. So reißt die Verbindung zu Freunden und Bekannten bald immer mehr ab. Nun bleibt ihm nichts anderes übrig, als selbst zu sehen, wie er zurechtkommt.

Herbert konnte sich anfangs nur schwer an die neue Situation gewöhnen, versuchte aber, die alltäglichen Pflichten zu erfüllen. Er kaufte ein, bereitete seine Mahlzeiten zu und hielt die Wohnung in Ordnung. Obwohl er allein lebte, war er mit dem Haushalt zunächst den ganzen Tag beschäftigt. Nach einiger Zeit ging ihm diese Tätigkeit jedoch gut von der Hand, und bald fühlte er sich nicht mehr ausgefüllt. Er dachte über eine Beschäftigung nach, und der Zufall kam ihm zu Hilfe. Ein Bekannter bat Herbert, ihn beim Ausfüllen eines behördlichen Antrags zu beraten. Es machte ihm Spaß und bot eine willkommene Abwechslung. Nun ist er Nachbarn und Bekannten darin behilflich, hat ein Ehrenamt übernommen, in dem er sich um die finanziellen Belange des örtlichen Sportvereins kümmert. Aufgrund seines Wissens über andere Länder, das er sich auf seinen zahlreichen Reisen erwarb, steht er auch manchmal einer Reisegesellschaft als Reiseleiter zur Verfügung.

Das Beispiel zeigt, wie ein Mann sich nach dem Verlust der Partnerin wieder aufrichten und sein Leben allein zufriedenstellend gestalten kann. Die täglichen Pflichten des häuslichen Ablaufs sind für viele Männer anfangs ungewohnt, denn zu Hause waren sie ihr Leben lang umsorgt. Die Küche und der Haushalt sind in vielen

Ehen auch heute noch das Revier der Ehefrau. Aber jeder Mensch kann in jedem Alter dazulernen, und gerade die Selbständigkeit im häuslichen Bereich ist wichtig – auch wenn manches am Anfang nicht so gut gelingt. Nach einiger Zeit wird er bemerken, wie gut er sich im Leben wieder zurechtfindet, welche Freude das Leben bieten und welche Wünsche er sich noch erfüllen kann. Er ist auf dem besten Weg, sein Leben wieder als sinnvoll zu betrachten und trotz des Alleinseins gerne weiterzuleben.

Natürlich ist es tröstlich und beruhigend, wenn ein Mensch – vor allen Dingen ein älterer –, der den Verlust des Partners zu beklagen hat, von Außenstehenden Hilfe erfährt. Diese Hilfe darf jedoch nicht nur aus Mitleid, Fürsorge und Abnahme aller täglichen Pflichten und Sorgen bestehen, sondern ihr vordringlichstes Ziel sollte sein, den Betroffenen wieder auf eigene Füße zu stellen. Wie können wir ihn sonst jemals wieder sich selbst überlassen?

Männer – ob alt oder jung – gelten in unserer Gesellschaft auch heute meist als hilflos, wenn eine Frau sie umsorgt hatte, denn nun müssen sie eine ihnen bisher unbekannte Rolle übernehmen. In der Kindheit und der Jugend sorgte die Mutter für sie, später die Ehefrau. Es ist erst jetzt in Mode gekommen, daß der Mann sein Berufsleben unterbricht und eine Zeitlang zu Hause bleibt, um Kinder und Haushalt zu versorgen, während die Frau einer Beschäftigung nachgeht. Die meisten Männer bevorzugen jedoch ihren Beruf und sind erst an zweiter Stelle Ehemann, Vater und »Hausmann«.

Viele Männer klammern sich an die Hoffnung, ihnen würde schon jemand helfen. »Das kannst du nicht, das ist nichts für dich« oder »Das ist Frauensache« hören sie dann von den Helfenden und werden beiseite geschoben. Durch solch vorschnelles Betreuen und Bemuttern verläßt sich der Betroffene in allen Dingen ebenso auf den Helfer wie vorher auf seine Frau. Fällt die Hilfe aus und kann sie niemand mehr fortsetzen, ist das Seniorenheim häufig die einzige Lösung. Doch das müßte nicht sein. Wir sollten dem Hinterbliebenen die Chance geben, sich allein weiterzuversorgen, und ihm auf diesem Weg zur Seite stehen.

Denn wir sind einem Menschen eine größere Hilfe, wenn wir seine Unselbständigkeit nicht durch übereifrige Obhut fördern, sondern ihn zu unabhängiger Selbstversorgung hinführen. Auch der Betroffene darf bei aller Hilfe von außen nicht vergessen zu lernen, wieder auf eigenen Füßen zu stehen.

Sich nicht gehen- oder fallenlassen

Es war bereits später Vormittag, als es an der Wohnungstür läutete. Ziemlich verschlafen öffnete Werner die Tür. »Mein Gott, es ist gleich Mittag, und du liegst noch im Bett!« Margot, Werners Schwester, war jetzt richtig böse.

»Auch wenn du dich nicht gut fühlst, so kann es mit dir nicht mehr weitergehen«, sagte sie in äußerst vorwurfsvollem Ton, während sie begann, in der Wohnung Ordnung zu schaffen.

Werner, sonst immer korrekt und häuslich, war auf dem besten Weg, ein menschliches Wrack zu werden. Er konnte den plötzlichen Tod seiner Frau nicht verwinden. Hilfe von außen lehnte er mit den Worten ab, es könne ihm niemand mehr helfen, sein Leben sei nichts mehr wert. Über ein Jahr lebte er nun schon allein. Die Erinnerung an seine Frau und an die gemeinsamen Unternehmungen schmerzte ihn so sehr, daß er sich tagelang dem Alkohol hingab, die Wohnung in ein Chaos verwandelte und – wenn überhaupt – unrasiert und ungepflegt zur Arbeit erschien.

Jeder Mensch verfügt über Besonderheiten, die als positiv gelten und die andere nur selten aufweisen. Diese Eigenschaften oder Fähigkeiten helfen in einer solchen Situation, das eigene Selbstbewußtsein wieder aufzubauen. Der Verlust eines geliebten Menschen bedeutet immer großen Schmerz und unendliche Trauer, die überwunden werden müssen. Deshalb ist es wesentlich, sich jetzt auf seine Stärken zu besinnen. Man darf sich nicht gehen- und sein Leben in eine Sackgasse geraten lassen, denn das verschlimmert die Situation nur noch.

Viele Menschen machen sich unglücklich, weil sie sich im Gestern verlieren und dem nachhängen, was war oder hätte sein können. Andere wiederum träumen nur von der Zukunft und übersehen dabei die Chance, die ihnen der Augenblick bietet. An ihn aber sollten wir uns halten, uns ihm öffnen und hingeben. In ihm läßt sich das Glück erfahren, das dann weit in die Vergangenheit, aber auch weit in die Zukunft reichen kann.

Unser Leben liegt noch vor uns. Wir müssen es weiterführen und zum besten gestalten. Es ist unser eigenes Leben und nicht das eines anderen, deshalb sind wir auch selbst dafür verantwortlich. Auch wenn wir nicht Ursache des aufgetretenen Problems sind, müssen wir es doch selbst bewältigen. Wir können nicht einfach den Kopf in den Sand stecken. Die erste Frage lautet also, wie wir am besten mit unserer jetzigen Situation fertig werden können. Alkohol oder Drogen sind als Hilfe denkbar ungeeignet. Sie nehmen uns die Sorgen nur für ein paar Stunden ab, um uns dann wieder mit der ernüchternden Wahrheit zu überraschen. Wer mit seinen Gedanken unablässig in der Vergangenheit verfangen ist, entzieht sich der Realität des Daseins. Das bedeutet nicht, daß man die Vergangenheit völlig verdrängen soll. Vergangene Erfahrungen sind für das gegenwärtige Leben nützlich und wertvoll, und das bewußte Aufarbeiten schöner Erinnerungen läßt uns mit dem Erlebten besser fertig werden. Wir sind ja darauf angewiesen, aus der Vergangenheit für die Gegenwart und die Zukunft zu lernen. Nur im Gestern zu leben verstellt aber den Blick für das Hier und Jetzt, verhindert die Teilnahme am aktuellen Dasein und die persönliche Weiterentwicklung. Überdies nimmt es uns die Möglichkeit, das Vertrauen zu uns selbst wiederzuerlangen.

Der dreiundsechzigjährige Fritz ist seit zwei Jahren Witwer. Nun hat er sein Hobby, das Töpfern, zu seinem Lebensinhalt gemacht. Nach dem Tod seiner Frau befaßte er sich intensiv damit, zunächst um der Trauer und der Leere seines Daseins zu entkommen. Im Keller seines Hauses hat er sich eine kleine Töpferei eingerichtet und betreut einen kleinen, aber festen Kundenstamm, der sich aus Freunden und Verwandten zusammensetzt.

Ein verwitweter Lehrer mittleren Alters arbeitet seit gut einem Jahr in einer Missionsstation in Afrika. Als seine Frau starb, hielt ihn nichts mehr zu Hause. Kinder hatten sie keine, und die kreative Arbeit in einem Entwicklungsland war schon immer seine Wunschvorstellung. Er möchte dort bleiben, so lange es geht, denn diese Aufgabe erfüllt sein Leben.

Ein sechsundfünfzigjähriger Sozialarbeiter, seit einigen Jahren alleinlebend, hat mit Hilfe von Zuschüssen der Stadt und durch Spenden ein verfallenes Gehöft zu einer Bleibe für alleinstehende alte Menschen, die nicht in ein Heim möchten, und für gestrauchelte Menschen eingerichtet, die hier ein neues Zuhause finden.

Bei diesen Beispielen handelt es sich nicht um Aufgaben, die nur vorübergehend Beschäftigung versprechen, um die Trauer zu bewältigen. Im Gegenteil. Sie können unser ganzes Leben verändern. Ruhe und Ausgeglichenheit sind die Stärken, die wir nach einer Verlustkrise wiederentdecken müssen. Wenn wir sie besitzen, sehen wir klarer, was das Leben uns zu bieten hat und warum uns dieses oder jenes manchmal widerfährt. Diese Stärken erhalten unser seelisches Gleichgewicht. Positives Denken und das Erfassen jeder Gelegenheit aktiviert die echten, guten Lebenskräfte und läßt unseren Mut wiedererwachen. Was sich auch im Leben ändert, nehmen wir es nicht als Unbehagen schaffende Störung unserer gewohnten Gleichförmigkeit. Wenn wir unseren berechtigten positiven Lebenswillen weiterhin auf unsere Umgebung ausstrahlen, wirkt er in gleichem Maße auf uns selbst zurück.

Fassen wir die wichtigsten Punkte noch einmal zusammen:

- Gestalten Sie Ihr eigenes Leben, nicht das eines anderen. Auch wenn Sie sich sonst immer nach Ihrem Partner gerichtet haben. Lösen Sie Ihre Probleme selbst. Ergreifen Sie die Initiative.
- Trauern Sie nicht dem Gestern nach, sondern nutzen Sie den Augenblick, in dem Sie leben.
- Trauer muß sein. Doch auch diese Zeit hat ihre Grenzen und muß vorübergehen.

Altenheim oder allein zu Hause?

»In ein Altenheim möchte ich nicht!« Das ist der Wunsch vieler älterer Menschen. In erster Linie geht es wohl darum, die vertraute Umgebung nicht verlassen zu müssen. Wer möchte schon seine Gewohnheiten aufgeben und sich ganz neuen Verhältnissen anpassen, nur um versorgt zu sein? Doch auch Versorgung ist ein weiter Begriff. In vielen Heimen beschränkt sie sich darauf, daß die alten Menschen ihre Mahlzeiten und ein Bett zum Schlafen erhalten. Manch älterer Mensch, der das Bett nicht mehr verlassen kann, fühlt sich völlig vereinsamt, denn niemand kümmert sich so recht um ihn. Das Pflegepersonal ist häufig überlastet und reicht dazu nicht aus. Doch jeder fügt sich, auch wenn berechtigte Wünsche nicht erfüllt werden. Das Zimmer ist klein, die Möbel konnte man nicht mitnehmen. Mit ihnen blieb bereits ein Stück Heimat zurück. So empfindet ein älterer Mensch das Heimdasein als Isolierung und Erniedrigung.

Natürlich gibt es auch Heime, die den Ansprüchen und Wünschen alter Menschen gerecht werden. Dennoch möchten die meisten älteren Menschen in ihrer eigenen Wohnung leben, oder, wenn es möglich ist, in der Nähe ihrer Kinder oder anderer Verwandter, um mehr Kontaktmöglichkeiten zu haben. Dem steht jedoch die Überlegung gegenüber, wer sie im Krankheitsfall versorgen und pflegen könne. Für viele alte Menschen ist es zwar eine große Erleichterung, sich nicht mehr um Dinge kümmern zu müssen, die ihnen schwerfallen und sie belastet haben. Dafür ist das Leben in einem Heim zur passiven Lebenshaltung geworden, die mit Lust- und Interesselosigkeit einhergeht. Sie wissen oft nicht mehr, was sie mit ihrer Zeit anfangen sollen. Nur wenige Seniorenheime bieten Möglichkeiten wie Werken, Handarbeiten, Singen, Gymnastik, Vorträge, Sprachkurse, Tanzveranstaltungen und anderes. Gerade solche Anregungen sind wichtig für ältere Menschen. Sie lassen sie spüren, daß sie körperlich und geistig noch leistungsfähig sind und aktiv am Leben teilnehmen können. Wären diese Möglichkeiten auch Außenstehenden zugänglich, bestünde gleichzeitig Gelegenheit, neue Bekanntschaften zu knüpfen.

Natürlich ist von Fall zu Fall immer anders zu entscheiden. Wer plötzlich ohne Partner ist, sich nicht mehr selbst versorgen kann und niemanden in seiner Nähe weiß, der die Pflege übernehmen könnte, entschließt sich wohl zum Wechsel in ein Heim. Nicht selten ist dies jedoch teurer als die eigene Wohnung, und dem Betroffenen bleibt noch weniger finanzieller Spielraum. Gibt es also eine andere Lösung? Das folgende Beispiel zeigt sie.

Vor mehr als einem Jahr verlor Otto seine Frau, damals waren beide fast siebzig Jahre alt und sorgten für sich selbst. Seitdem lebte Otto allein in der kleinen, unkomfortablen Wohnung, eine besser ausgestattete und bequemere konnte er sich nicht leisten. Vor einem halben Jahr kam Otto wegen einer Lungenentzündung ins Krankenhaus. Dort freundete er sich mit einem ebenfalls allein lebenden älteren Herrn an. Aus dem Krankenhaus entlassen, besuchten sie einander regelmäßig. Sie hatten die gleichen Interessen, und nach einiger Zeit zog Otto in die geräumigere und komfortablere Wohnung seines neuen Freundes. Otto beteiligt sich gern an der Miete. Aber was noch viel wichtiger ist, sie kennen einander, während in einem Heim oft zwei einander fremde Menschen einen Raum bewohnen. Und beide sind nicht mehr allein, teilen sich die Hausarbeit und genießen das Leben in dem Maße, wie es ihr Alter und die Gesundheit zulassen.

So ein Glücksfall ereignet sich natürlich nicht jeden Tag. Vor allem können oder wollen ältere Menschen sich und ihre Gewohnheiten häufig nicht mehr umstellen und anpassen. Aber das müssen sie in einem Seniorenheim ebenso.

Die Wohngemeinschaft bietet sich für ältere alleinstehende Menschen nicht nur wegen der sonst hohen Mietkosten an, sondern ältere Menschen können einander unterstützen und durch gegenseitige Hilfeleistungen das Leben erleichtern.

Der zweiundsiebzigjährige Karl ist Witwer. Es störte ihn, daß es für einen Einpersonenhaushalt kaum passende Lebensmittelportionen gab. Er wohnte in einem kleinen Ort mit geringem Angebot. Außerdem machte es ihm wenig Freude, seine Mahlzeiten allein einzunehmen und die Freizeit allein zu verbringen. Also hängte er im örtlichen Seniorenclub eine Anzeige aus, mit der er ältere Menschen suchte, die das gleiche Schicksal teilten. Drei ältere Herren schlossen sich mit Karl zu einer Wohngemeinschaft zusammen, in der jeder seine Aufgabe hat.

Die Freizeit gestalten sie gemeinsam oder jeder für sich, je nach Wunsch. Was jedoch wesentlich ist: Erkrankt einer von ihnen, wird er versorgt und gepflegt, er ist nicht auf Hilfe von außen, zum Beispiel von Verwandten, angewiesen, die oft erst anreisen müssen und deshalb weniger Zeit aufwenden können. Keiner von ihnen ist allein.

Die Beispiele zeigen, daß es zu den zwei Möglichkeiten, seine Lebensumstände nach dem Tod eines Partners zu wählen – das eigene Heim oder das Seniorenheim –, auch Alternativen gibt. Sie setzen allerdings die Bereitschaft voraus, aktiv nach Lösungen zu suchen, alte Gewohnheiten in Frage zu stellen und entsprechende Gelegenheiten wahrzunehmen.

Alleinsein als Herausforderung, vieles neu zu lernen

Ein älterer Mensch, der seinen Partner verliert, vermag meist auf ein erfülltes Leben mit ihm zurückzublicken. Er kann viel dazu beitragen, auch seinen Lebensabend so angenehm wie möglich zu gestalten. Was bedeutet es aber für einen jüngeren Menschen, wenn er plötzlich allein im Leben steht? Häufig ist er gezwungen, einen völligen Neuanfang zu wagen. Nach der heutigen Lebenserwartung sind vierzig Jahre die Mitte des Lebens, das noch viele Chancen bereithält. Bei dem Verlust des Partners gilt es, nicht nur aus der Not herauszufinden, sondern dies als Herausforderung zu betrachten, an uns selbst zu arbeiten und wieder einen neuen Weg zu gehen.

Olaf verlor seine Frau vor einigen Jahren durch einen Unfall. Er war damals dreiunddreißig Jahre alt. Olaf hatte eine gutbezahlte Stelle bei einer Versicherung. Seine Frau hatte sich mit einem Friseursalon selbständig gemacht. Zunächst dachte Olaf daran, das Geschäft seiner Frau zu verkaufen, doch dann besann er sich anders. Er absolvierte eine Lehre als Friseur, um das Geschäft seiner Frau weiterführen zu können. Zunächst fiel es ihm nicht leicht, doch als er den Meisterbrief erhielt, war er stolz auf sich selbst. Er hatte nie geglaubt, daß er sein Leben so völlig verändern würde. Er übte seinen neuen Beruf mit soviel Einsatzfreude und Interesse aus, daß er das Geschäft nicht nur erhalten, sondern noch erweitern konnte.

Manchmal muß erst das Schicksal eine Wende in unser Leben bringen. Sind wir zufrieden in unserem jetzigen Beruf? Viele Menschen denken gar nicht darüber nach, sie lassen ihr Leben weiterlaufen wie bisher, haben Angst davor, etwas Neues zu beginnen. Sind sie dann plötzlich dazu gezwungen, lernen sie ihre Fähigkeiten erst kennen und erfahren, wie selbständig sie sein können. Gerade nach einem Verlust muß der Betroffene beginnen, sich zu akzeptieren und sich selbst einen höheren Stellenwert in seinem Leben einzuräumen.

Eine vierunddreißigjährige Masseurin muß nach dem Tod ihres Mannes plötzlich allein für sich und ihre zwei

Kinder aufkommen. Nach vielen Überlegungen ist sie entschlossen, sich selbständig zu machen. Zunächst sieht der Weg, den sie geht, steil und steinig aus. Doch schließlich hat sie es geschafft. Im Keller ihres Hauses richtet sie sich eine Massagepraxis ein. Nun kann sie zu Hause arbeiten und gleichzeitig in der Nähe der Kinder sein. Sie lernt täglich neue Menschen kennen und ist dankbar, daß sich ihr Leben trotz aller Härte so positiv verändert hat.

Viele Menschen gelangen gerade durch die Bewältigung der großen Anforderungen, die das Leben nach einem Verlust an sie stellt, zu einem neuen Selbstwertgefühl. Schon die Tatsache, daß wir Entscheidungen nun allein treffen müssen, läßt uns unser Leben gründlicher durchdenken. Wir können uns nicht mehr auf andere verlassen, sondern sind völlig auf uns selbst gestellt. Das motiviert uns zu Stärke und Leistungen und läßt uns auch eine Niederlage besser hinnehmen. Dies ist gerade für Menschen wichtig, die noch viele Lebensjahre vor sich haben. So wie man nach einem Unfall erneut das Laufen lernen und nach langem Leiden durch Übungen zur alten Beweglichkeit zurückfinden muß, so sollte auch der Betroffene nach einer Phase des Trauerns seinen Schmerz hinter sich lassen und sich die frühere Spannkraft zurückerobern.

Es liegt in unserer Hand, das Beste aus unserem Leben zu machen und unseren eigenen Weg zu gehen. Unser ganzes Leben ist ein Lernvorgang, eine Herausforderung. Häufig fehlt der Mut, etwas Neues zu beginnen. Wir leben in der gewohnten Weise fort, solange es geht. Erst widrige Umstände veranlassen uns, die eigenen Fähigkeiten zu erproben und die Möglichkeiten, die sich bieten, zu nutzen. Daß manchmal auch Tätigkeiten erfüllen und Freude bereiten, gegen die anfangs Vorbehalte bestehen, zeigt das nächste Beispiel.

Kurt war Angestellter in der Verwaltung, als sein älterer Bruder starb. Dieser hatte die Schreinerei des Vaters übernommen, wie es von den Eltern vorgesehen war. Nach dessen Tod war es an Kurt, sie weiterzuführen. Obwohl er diese Tätigkeit weder gelernt noch ausgeübt hatte, wollte er seine Eltern nicht enttäuschen, die den Betrieb sonst verkaufen hätten müssen.

Mit wenig Lust absolvierte Kurt also seine zweite Lehre, fand inzwischen aber soviel Gefallen an seinem neuen Beruf, daß er sich eine Rückkehr zu seiner früheren Beschäftigung nicht mehr vorstellen kann. Wäre sein Bruder nicht gestorben und hätte er nicht notgedrungen dessen Nachfolge antreten müssen, wäre er mit seiner Arbeit zufrieden gewesen. Heute ist er jedoch froh, daß sich ihm eine so interessante Möglichkeit geboten hat.

Unser Leben bekommt wieder einen Sinn, wenn wir frei darüber verfügen können, aber auch, wenn wir es umgestalten müssen und Neues entdecken, das für uns bedeutsam ist. Wir sollten neuen Dingen gegenüber stets aufgeschlossen sein, Mut und Spontaneität entwickeln und agieren, statt nur zu reagieren. Entscheidungen finden im Augenblick statt, sie dürfen nicht in die Zukunft verschoben werden. Wenn wir wissen, was wir wollen, sind wir auch bereit dazuzulernen und in der Lage, unser Leben nach unseren Wünschen und nach dem eigenen Willen zu gestalten.

Manchmal gilt es, etwas, das der Verstorbene hinterlassen hat, in seinem Sinne fortzusetzen. Dies verlangt von uns Entscheidungen über Dinge, die uns vorher unbekannt waren. Wenn wir jedoch den Mut dazu aufbringen, lernen wir nicht nur Neues hinzu, sondern gewinnen an Kraft und Selbstvertrauen.

5
Wen die Götter lieben . . .

Wenn ein Kind stirbt

Ein Mensch, der auf ein erfülltes Leben zurückblicken kann, ist sich dessen bewußt, daß es einmal zu Ende geht. Welchen Sinn aber hat der Tod eines Kindes, dem das Dasein nur eine kurze Zeit gewährt war? »Wen die Götter lieben, den lassen sie früh sterben«, heißt es bekanntlich. Aber diese »Weisheit« spendet keinen Trost.

Bei der Beerdigung ihrer Tochter schreit eine Mutter wie von Sinnen. Sie ist völlig verzweifelt, begreift nicht, wie ihr das Liebste, das sie hatte, genommen werden konnte. Sie erfaßt die Zusammenhänge nicht mehr. Die zweijährige Silke war von der Treppe gestürzt und hatte sich so sehr am Kopf verletzt, daß sie nicht mehr aus der Bewußtlosigkeit erwachte. Hätte sie als Mutter besser aufpassen können? Schuldgefühle mischen sich unter die Trauer. Das alles läßt den Schmerz noch größer werden. Ganz schlimm wird es erst, als ihr Mann sagt: »Komm, laß uns nach Hause gehen.« Wie lange sie noch am Grab verweilt, weiß sie nicht. »Ich kann doch nicht gehen, kann mein Kind hier nicht allein lassen. Ich habe es noch nie allein gelassen«, sagt sie zu ihm. Selbst der Hinweis, sie könne es ja jeden Tag besuchen, tröstet sie nicht. Nur zögernd verläßt sie den Friedhof, blickt alle paar Meter um, weil sie meint, das Kind rufe nach ihr, sie möge es mitnehmen.

Noch Tage danach kann die Mutter das Kinderzimmer nicht betreten, mag die Sachen nicht berühren, die ihrer kleinen Tochter gehörten. Zu schmerzlich sind die damit verbundenen Erinnerungen. Wie soll sie je damit fertig werden, wie soll sie ihre Schuldgefühle überwinden? Wie kann sie weiterleben?

Hier ist nicht nur das Leben eines Kindes erloschen, sondern auch die Mutter bis ins Innerste getroffen. Wie soll sie diese Lücke füllen, die doch nicht zu füllen ist? Als besonders hart empfindet sie es, wenn dies ihr einziges Kind war. Bedeutet der Gedanke Trost, daß sie noch weitere Kinder bekommen könnte? Doch die Angst, daß ein weiteres Kind vielleicht auch stirbt – durch Krankheit oder Unfall –, bleibt. Wer den Verlust eines Kindes durchlebt hat, den quälen viele Fragen und Vorstellungen, die ihm die Entscheidung für oder gegen ein weiteres Kind – und das Risiko eines neuerlichen Verlustes – erschweren: »Will ich noch ein Kind trotz dieses Verlustes? Kann ich es so lieben wie das andere? Werde ich dadurch nicht zu sehr an das verstorbene Kind erinnert?«

Entschließt man sich zu einem zweiten Kind, gilt es,

sich von überängstlichem Verhalten frei zu machen und es nicht in seiner Persönlichkeitsentwicklung einzuengen. Übertriebenes Behüten schafft eine unnatürliche Beziehung, führt zu Unsicherheit und Unselbständigkeit des Kindes und erschwert es ihm, sich im späteren Leben zurechtzufinden und zu behaupten. Dasselbe trifft zu, wenn das verstorbene nicht das einzige Kind war und sich die Sorge der Eltern nun auf das verbliebene (oder die verbliebenen Kinder) konzentriert. Dieses fühlt sich allerdings auch benachteiligt, wenn es eine Behandlung erfährt, wie sie das folgende Beispiel zeigt.

Vor drei Jahren starb der siebenjährige Markus an Gehirnhautentzündung. Was anfangs für harmlos gehalten wurde, stellte sich als schlimme Krankheit heraus, bei der jede Hilfe zu spät kam. Die Eltern haben den Tod des Kindes bis heute nicht überwunden. Ein sonst gesundes Kind ist ihnen genommen worden. Schon wenn die Mutter seinen Spielkameraden begegnet, könnte sie losweinen.

Obwohl die damals dreijährige Anna noch zu Hause ist, hält Monika es daheim nicht mehr aus. Sie muß etwas unternehmen, um sich abzulenken. Sie meldet Anna im Kindergarten an und arbeitet halbtags als Phonotypistin. So hat sie wenigstens für einige Stunden am Tag ein wenig Ablenkung. Doch wie verkraftet Anna dies alles? Auch sie leidet unter dem Verlust ihres Bruders. Dazu kommt, daß ihre Mutter Annas Fähigkeiten ständig mit denen von Markus vergleicht: »Markus hätte das gewußt« oder »Er hätte das besser gemacht als du« oder »An ihm haben wir nur Freude gehabt.«

Oft genug waren die Verstorbenen makellos. Der Beste in der Familie mußte viel zu früh sterben. Wie schmerzlich der Verlust eines Kindes auch sein mag, wir dürfen es nicht ständig mit den noch lebenden Geschwistern vergleichen. Meist sieht der Betroffene in seiner Trauer nur die guten Seiten. Fehler werden wie durch einen Schleier verdeckt. Freuen Sie sich, daß Ihnen noch ein weiteres Kind verblieben ist, dem Sie Ihre ganze Liebe schenken sollten. Die geschwisterliche Gemeinschaft ist zerstört, es leidet ebenso unter dem Verlust und benötigt jetzt viel Zuwendung. Vielen Eltern wird dies in ihrer Trauer gar nicht bewußt.

Es ist verständlich, wenn Eltern nicht begreifen, warum ein eben erst begonnenes Leben so schnell verlöschen muß. Trotzdem hoffen wir, daß alles seinen Sinn hat. Menschen, die im Glauben Halt finden, suchen dort Antwort und Trost: »Wir wissen nicht, wovor dieses Leben bewahrt werden sollte oder was ihm noch bevorgestanden wäre.«

Nach langer Krankheit starb die sechsjährige Birgit an Nierenversagen. Bei jeder Besserung hofften Birgits Eltern auf eine bleibende Heilung. Dreimal pro Woche mußte sie an den Dialysator. Nach langem Warten bestand endlich Aussicht auf eine Spenderniere. Die Operation glückte. Nach acht Wochen atmeten die Eltern erleichtert auf. Ihre Tochter würde es schaffen, die Krankheit zu besiegen. Doch drei Monate später brach das Mädchen in der Nacht zusammen. Birgits Körper hatte die fremde Niere wieder abgestoßen. Alles begann von vorne. Nach monatelangem Krankenhausaufenthalt wieder zu Hause, bekam Birgit noch eine Lungenentzündung. Ihr Körper war von den Medikamenten bereits so geschwächt, daß der Kreislauf zusammenbrach und das Herz versagte.

Obwohl die Eltern ihr Kind lange leiden sahen, wollten sie es zu keiner Zeit hergeben. Gerade solche Situationen verbinden Eltern noch mehr mit ihrem Kind, aber auch miteinander. Die schwere Zeit, die sie gemeinsam durchlebten, prägt ihr ganzes Leben. »Warum haben wir es nicht geschafft, warum können wir nicht mehr wie früher leben?« Es ist, als hätten sie eine Schlacht verloren. Resignierend müssen sie sich geschlagen geben. Gemeinsam hatten sie gekämpft, aber für die Eltern ist der Tod der Sieger geblieben.

Doch wir können dies auch von einer anderen Seite betrachten. Ist diesem Kind nicht tatsächlich vieles erspart geblieben? Warum empfinden wir gerade den Tod eines Kindes als besonders tragisch? Wohl deshalb, weil es nur kurze Zeit leben durfte, ihm so vieles vorenthalten wurde. Kinder sehen die Welt mit ganz anderen Augen als Erwachsene. Sie erwarten noch so vieles vom Leben. »Wenn ich erst einmal groß bin ...« An diesen Satz erinnern sich die Eltern eines verstorbenen Kindes oft genug. Kinder kennen die Realität des Lebens nicht und wissen nicht, daß sich so viele Träume nicht verwirklichen lassen. Durch ihren Tod ist auch die ganze Litanei ihrer Wünsche zu Ende. Dies berührt uns mit am meisten. Und bei unserer Suche nach Trost hoffen wir, irgendwann auch den Sinn des manchmal Unverständlichen zu erkennen.

Ein erfülltes Leben ist keine Frage des Alters

Wer ein hohes Alter erreicht hat, kann dennoch nicht immer auf ein erfülltes Leben zurückblicken. Nicht die Länge eines Lebens, nicht die Quantität, sondern die Qualität unserer Erfahrungen ist entscheidend.

Herta steht am Grab ihres einzigen Kindes. Sie ist fast siebzig Jahre und nun eine gebrochene Frau. Das einzige, das sie noch hatte, mußte nun von ihr gehen. Ihr erster Mann, mit dem sie nur eine kurze Ehe geführt hatte, zog in den Krieg und fiel dort. Nach dem Krieg heiratete Herta zum zweitenmal. Ihre Christine wurde kurz nach Kriegsende geboren, in einer Zeit also, die alles andere als Geborgenheit vermittelte. Herta war froh, wenn sie für das Kind genügend Nahrung auftrieb.

Später nahm Herta Aufträge als Schneiderin an, die sie auf ihrer alten Nähmaschine oft bis spät in die Nacht erledigte. Von diesem geringen Lohn lebte die Familie, denn ihr Mann war durch eine Kriegsverwundung unheilbar krank. Einige Jahre später starb er, und Herta blieb wieder allein zurück. Sie nahm noch zusätzliche Arbeiten an. Ihre Tochter ging jetzt zur Schule. Die Zeiten änderten sich zum Positiven. Es gab Arbeit und Lebensmittel, und die Menschen konnten sich manche Wünsche erfüllen. Trotz alledem, Herta hatte ihr Leben lang gearbeitet. Als Witwe, die für ein Kind sorgen mußte, hatte sie auch keine andere Wahl. So kam es, daß sie bereits vorzeitig in den Ruhestand ging, weil sie krank und verbraucht war. Auch verschiedene Kuren brachten keine rechte Heilung. Rechtzeitig zum Arzt zu gehen, dafür war in den wirren Zeiten keine Gelegenheit. Gesundheitlich selbst stark angeschlagen, muß sie nun noch die Beerdigung ihrer Tochter miterleben, die mit sechsunddreißig Jahren an Krebs starb und einen Mann und zwei Kinder im Alter von zwölf und vierzehn Jahren hinterläßt. »Bin ich nicht schon genug gestraft?« fragt sich Herta. Was hatte sie mit einem Rheuma- und Herzleiden noch vom Leben zu erwarten? Sie durfte gar nicht daran denken, daß sie selbst noch lebte und ein jüngerer Mensch, der sein Leben noch vor sich hatte, so früh sterben mußte. Was hatte Christine vom Leben gehabt? Was hätte sie noch alles erleben können?

Immerhin erlebte Christine in ihren sechsunddreißig Jahren mehr Schönes als ihre fast doppelt so alte Mutter. Ihre Kindheit bot zwar nicht die Möglichkeiten, die ihre eigenen Kinder heute genießen können, doch sie lernte Situationen kennen, die es wert waren, sie zu durchleben, zum Beispiel auch den Zusammenhalt zwischen ihrer

Mutter und ihr selbst. Sie konnte sich noch über Dinge freuen, die heute als selbstverständlich gelten, und sie vergaß nie, wie schön das Leben auch mit wenigem zu sein vermochte. Mit ihren Freundinnen erlebte sie eine heitere Kindheit und Jugend. Später lernte sie Dieter kennen und heiratete ihn. Zwei Kinder wurden ihnen geschenkt, die viel Freude bereiteten. Christine konnte sich ganz ihren Kindern widmen, denn finanzielle Sorgen hatte sie nicht. So gesehen hatte Christine mit ihren sechsunddreißig Jahren das Leben von beiden Seiten kennengelernt, das manchmal schwer, aber durchaus erfüllt und auch glücklich war.

Der Mensch ist sein Leben lang auf der Suche nach einem glücklichen Dasein. Viele Entscheidungen, die die Gegenwart betreffen, verschieben wir auf eine Zukunft, von der wir nicht wissen, ob wir sie erleben werden. Nutzen wir jeden Tag unseres Lebens, als wäre er der erste und zugleich der letzte. Auf der Suche nach einem erfüllten Leben stehen wir uns häufig selbst im Weg, vor allem wenn wir auf etwas Bestimmtes fixiert sind und anderes gar nicht wahrnehmen. Finden aber heißt frei sein und offenbleiben.

Wenn wir über den zerstreuten Kurzsichtigen lächeln, der seine Brille sucht, obwohl er sie auf den Kopf geschoben hat, bemerken wir gár nicht, daß unsere Suche nach uns selbst oft zu einer ähnlichen Karikatur mißrät. Der allzu zielstrebige Mensch übersieht leicht die Freuden, die ihm das Leben täglich bietet. Ein bewußtes und bereicherndes Erleben setzt voraus, daß man vieles nicht als selbstverständlich hinnimmt.

Wer eine fröhliche Kindheit und eine unbeschwerte Jugend genießen konnte, ist gut auf sein weiteres Leben vorbereitet.

Klara ist mit zweiundvierzig Jahren nach kurzer Krankheit gestorben. Als sie fühlte, daß ihr Leben zu Ende ging, versammelte sie ihre Familie um sich. »Seid nicht traurig«, sagte Klara. »Ich durfte in meinem Leben so viel Schönes erleben und bin dafür unendlich dankbar.« Sie wuchs in einer harmonischen Familie auf und konnte sich mit ihren Wünschen, die zwar nicht immer erfüllt wurden, aber auch mit ihren Sorgen und Problemen stets an die Eltern wenden. Die Geborgenheit des Elternhauses erfüllte sie mit Zuversicht für ihre Zukunft, in der sie dann ebenfalls familiäre Harmonie erfuhr. Ein längeres Leben hätte ihr wohl noch viel Schönes, aber vielleicht kein Mehr an Zufriedenheit und Glücksempfinden gegeben.

Auf der Suche nach neuen Zielen, nach Verbesserungen der Lebensstruktur und nach Erfolgen lohnt es sich, alles dafür einzusetzen und sich nicht mit jeder Gegebenheit abzufinden. Doch sollen wir uns auch über das Erreichte freuen. Die ständige Jagd nach neuen Zielen läßt keinen Raum für echte Zufriedenheit, denn es wird immer etwas geben, das wir noch nicht erreicht haben. Viele Menschen sind mit ihrer Lebensgestaltung nicht zufrieden, weil sie sich stets mit anderen vergleichen. Dabei übersehen sie ganz, was ihnen selbst im Leben schon alles zuteil wurde. Warum ziehen wir eigentlich immer am Ende des Lebens Bilanz? Tun wir es doch einmal in der Lebensmitte. Dann wird so mancher erkennen, wieviel er eigentlich erreicht hat oder ihm geschenkt wurde. Denn Erreichtes oder Gaben drücken sich längst nicht nur in materiellem Wert aus.

6
Wer Vater oder Mutter verliert

Viele Kinder werden Waisen

Wenn wir einen Partner verloren haben und selbst noch in der Mitte des Lebens stehen, haben wir die Möglichkeit, unser Dasein selbst zu gestalten. Wer als älterer Mensch plötzlich allein im Leben steht, kann auf ein langes Eheleben zurückblicken, und der Gedanke daran spendet ihm Trost. Wie aber mag es einem Kind ergehen, das beide Eltern verlor? Wer wird es auf das Leben vorbereiten, das noch vor ihm liegt und ihm doch alle Illusionen nahm?

Es hat Glück, wenn liebe Großeltern oder Verwandte es nicht nur aus Pflichtbewußtsein aufnehmen. »Nur nicht in ein Heim!« ist das erste, worüber die meisten Kinder nachdenken.

Kerstin war neun Jahre alt, als ihre Eltern starben. Fortan wuchs sie bei ihren über sechzigjährigen Großeltern auf, die sich liebevoll um ihre Enkeltochter bemühten. Kerstin fühlte sich bei ihnen geborgen, war gut versorgt und hing auch sehr an ihnen. Seither sind fünf

Jahre vergangen. Kerstin ist in ein Alter gekommen, in dem Mode und Diskobesuche sie mehr interessieren als die Schule und ihr Zuhause. Die Großeltern, jetzt über siebzig Jahre alt, stehen der jungen Generation nicht mehr flexibel genug gegenüber. Sie meinen es gut. Auch Angst, sie könnten in der Erziehung einen Fehler begehen oder das junge Mädchen verlieren, spielt eine Rolle. Kerstin ist aber noch zu jung, um das zu verstehen, und deutet manche Verbote gänzlich falsch. So kommt es immer wieder zu Reibereien, die das Verhältnis empfindlich stören. Es fängt bereits bei der Kleidung an. »Wie du wieder herumläufst! Zu meiner Zeit wären wir in so einem Aufzug nicht in die Schule gegangen. Es gibt so hübsche Kleider zu kaufen. Oder soll ich dir eins nähen?« schlägt die Großmutter vor. »Ihr seid eben nicht mehr auf dem laufenden«, gibt Kerstin zur Antwort. Manch hartes Wort fällt in dieser Zeit, in der die beiden Generationen in getrennten Welten zu leben scheinen. Die eine fühlt sich unverstanden, die andere empfindet es als Undankbarkeit. Häufig kommen Großeltern selbst nicht mehr mit dem Leben zurecht. Wie sollen sie nun einen jungen Menschen darauf vorbereiten? Die Großeltern sind der ideale Partner für die Jüngeren, wenn es darum geht, Erfahrungen auszutauschen. Selbst zur Ruhe gekommen, haben sie Geduld zum Zuhören und nehmen sich die Zeit, die die eigenen Eltern oft nicht aufbringen können. Aber die entscheidende Rolle im Leben ihres Enkelkindes können sie nicht einnehmen, da die beiden Lebensstufen zu weit voneinander entfernt sind.

Wie sieht die beste Lösung für Waisenkinder aus? Wer kann ein Elternhaus ersetzen? Kleinere Kinder können noch vergessen und sich in eine neue Familie einleben. Doch den älteren, die mit ihren Eltern schon viel Gemeinsames erlebten und deren Leben teilten, fällt es schwer, sich an eine neue Umgebung zu gewöhnen.

Der elfjährige Matthias lebt seit dem Tod seiner Eltern als Adoptivkind bei seiner Tante. Die Schwester seiner verstorbenen Mutter nahm ihn vor zwei Jahren in ihre Familie auf. Anfangs war es für alle Beteiligten nicht leicht. Die Nachricht vom tödlichen Unfall seiner Eltern hatte bei Matthias einen solchen Schock ausgelöst, daß er von zu Hause fortlief. Als die Polizei ihn fand und zu seiner Tante brachte, sprach er zunächst kein Wort. Schweigend nahm er an den Mahlzeiten teil. Seine neue Familie bemühte sich sehr, ihm sein Elternhaus so gut wie möglich zu ersetzen, mußte ihre Versuche jedoch immer wieder resignierend aufgeben.

Hinzu kam noch, daß er zu Hause als Einzelkind aufgewachsen war, ein eigenes Zimmer gehabt hatte und nun mit dem gleichaltrigen Holger ein Zimmer teilen mußte. Außerdem lebte noch Holgers ältere Schwester im Hause. Aber viel schlimmer war, daß er die Schule wechseln, alle seine Freunde zurücklassen und sich in einer fremden Umgebung zurechtfinden mußte. Um ihm dies alles zu erleichtern, las seine neue Familie ihm zunächst jeden Wunsch von den Augen ab. Nichts sollte ihn zusätzlich belasten. Doch alles war vergebens. Der sensible Junge wurde krank. Die Diagnose des Artzes: Magengeschwür. Seine Tante pflegte ihn wie ihr eigenes Kind, auch Holger, dessen Schwester Susanne und der Onkel wichen nicht von seiner Seite. Es verging kein Tag, an dem er ihm nicht eine Kleinigkeit von der Arbeit mitbrachte.

Jetzt wurde Matthias klar, daß er diese Familie ganz falsch eingeschätzt hatte. Wo hätte er es besser haben können als hier? »Dies ist mein Zuhause, ihr seid alle so lieb zu mir«, sagte er eines Tages zu seiner Tante. »Ich möchte hier nicht mehr fort.«

Niemand vermag zu sagen, wie es in einem Kind aussieht, das seine Eltern plötzlich verloren hat. Wenn wir Erwachsenen den Tod eines geliebten Menschen kaum überwinden können, wie soll dann ein Kind damit fertig werden? Hinzu kommt, daß Kinder ihre Gefühle nicht entsprechend ausdrücken können. Sie wollen auch oft nicht über den Tod sprechen, bleiben verschlossen oder reagieren aggressiv. In jedem Fall aber brauchen sie dringend eine neue Bezugsperson, deren Liebe sie fühlen. Sie dürfen nie den Eindruck erhalten, daß sie zur Last fallen. Wir müssen sie aufnehmen wie unsere eigenen Kinder, alle Vorzüge und auch alle Schwächen erkennen, sie loben, aber auch tadeln. Nur so werden sie auf ihr späteres Leben vorbereitet. Es dient ihnen nicht, wenn wir sie allzu nachsichtig behandeln, um ihnen weitere Niederlagen zu ersparen. Denn sobald wir sie aus unserer Obhut entlassen, sollen sie den Lebensanforderungen gewachsen sein.

Für elternlose Kinder, deren sich keine Familie annimmt, bleibt nur das Heim. Doch diese Institution ist heute – trotz der vielen Vorurteile – meist besser als ihr Ruf. Viele Heimleiter geben sich die größte Mühe mit ihren Schützlingen, um ihnen nicht nur den Aufenthalt so gut wie möglich zu gestalten, sondern sie auch zu Lebenstüchtigkeit zu erziehen. In vielen Heimen wohnen die Kinder bereits in kleinen Gruppen in einzelnen Häusern, in denen es ihnen an nichts fehlt.

Aber trotz der materiellen Versorgung und mancherlei Zuwendung ist die intensive Beziehung und Bindung, wie sie nur zu den Eltern besteht und die ein Kind braucht, nicht zu ersetzen. So kommt es nicht selten vor, daß Heimkinder an Leib und Seele erkranken. Depressionen, Angst und Schlaflosigkeit stellen sich ein. Gerade solche Kinder bedürfen unserer ganzen Geduld und unseres Vertrauens, um ihre Freude am Leben wiederzuerwecken.

Wie man einen Elternteil ersetzt

Maria faßt es nicht, als sie vom Arzt erfährt, daß er nichts mehr für ihren Mann tun konnte. Hans starb nach einem Unfall auf dem Weg ins Krankenhaus.

Kai, ihr achtjähriger Sohn weiß noch nicht, daß sein Vater einen Unfall hatte. Wie soll sie dem Kind eine solche Nachricht beibringen, wie wird es sie aufnehmen? Maria muß versuchen zu erklären, warum Hans starb. Für eine beschönigende Geschichte ist Kai zu alt. Ein schwerer Schritt steht ihr noch bevor.

Viele Kinder möchten gerade nach dem Tod eines Elternteils viel über ihn wissen, andere hingegen werden still und verschlossen. Sie wollen nicht über den Tod sprechen, nicht an ihn denken. Jungen, die schon etwas älter sind, meinen, die Mutter beschützen, den Vater für sich und ihre kleineren Geschwister ersetzen und mit der Mutter gemeinsam für die verbliebene Familie sorgen zu müssen.

Maria bemüht sich, Kais Erziehung in der bisherigen Weise fortzusetzen. Sie verwöhnt ihn nicht. Viel freie Zeit bleibt ihr allerdings nicht, sich um den Jungen zu kümmern, weil sie aus finanziellen Gründen eine Ganztagsstelle angenommen hat. So geht Kai nach der Schule zu Marias Mutter, die ihn versorgt und ihm bei den Hausaufgaben behilflich ist. Von ihr erhält er aber auch regelmäßig Süßigkeiten und kleine Geschenke. Das findet Maria nicht richtig, und sie reagiert ärgerlich. »Ich muß einmal mit dir reden«, sagt sie zu ihrer Mutter. »Du verwöhnst den Jungen so sehr, daß er sich von mir die gleichen Dinge wünscht, die ich ihm aber nicht geben kann. Sicherlich hat er eine Menge durchgemacht, aber deshalb soll er nicht verzogen werden.« Häufig gibt es

Meinungsverschiedenheiten zwischen den beiden Frauen.

Nicht selten neigen Großeltern dazu, ihre Enkel zu verwöhnen. Wenn diese auf einen Elternteil verzichten müssen, ist das Mitleid besonders groß, und die Großeltern meinen, Geschenke könnten über den schmerzlichen Verlust hinwegtrösten. Kinder beginnen dann schnell, die Situation auszunutzen. Am wichtigsten ist die echte Zuneigung des verbliebenen Elternteils und der Großeltern. Kinder müssen spüren, daß die Liebe, die dem verstorbenen Partner galt, jetzt auf sie übertragen wird. So können sie gemeinsam mit dem verbliebenen Elternteil um den Verlust trauern und empfinden dessen Ausmaß weniger stark.

Mütter, die nach dem Tod ihres Mannes aus finanziellen Gründen einem Beruf nachgehen müssen, haben oft übergroße Angst, ihre Kinder allein nun nicht genug umsorgen zu können. Auch erzieherisch fühlen sie sich manchmal hilflos. Aus Furcht, den Kindern könnte etwas zustoßen, schränken sie deren Bewegungsspielraum zu sehr ein. Und es verwundert nicht, wenn sie dann hören: »Vater (oder Mutter) hätte mir das aber erlaubt!« Die Kinder begreifen nicht, wieviel Angst in ihrer Mutter oder dem Vater steckt, entwickeln aber durch das Gefühl der Einengung ein negatives Verhältnis zu ihrem verbliebenen Elternteil. Bei einem Partner, der plötzlich allein ein Kind zu erziehen hat, kann daraus jedoch auch eine völlig andere Reaktion entstehen.

Durch einen Arbeitsunfall verlor die siebenundzwanzigjährige Katja vor einem Jahr ihren Mann. Seither schlägt sie sich mit ihrer vierjährigen Tochter mehr schlecht als recht durchs Leben. Katja arbeitet halbtags im Büro einer größeren Firma. Nun bietet sich ihr die Chance, an einem Buchführungskurs teilzunehmen und die Buchhaltung mit zu übernehmen. Doch Katja muß dieses verlockende Angebot ablehnen. Der Lehrgang wird in einer weiter entfernten Stadt durchgeführt, und sie hat niemanden, der die kleine Tochter versorgen würde. Finanziell gesehen aber wäre ihr der Posten eine große Hilfe. Sie empfindet ihre kleine Tochter plötzlich als lästig und hinderlich, ihr Schicksal als ungerecht. Zuerst wurde ihr viel zu früh der Mann genommen, und nun steht ihr Kind auch noch ihrem beruflichen Fortkommen im Wege. Katja fühlt sich vom Leben betrogen, und alles in ihr sträubt sich gegen das eigene Kind, das ihre Liebe und Fürsorge jetzt besonders nötig hätte. Die Folge: Das Verhältnis zwischen Mutter und Tochter wird immer mehr gestört.

Wenn ein Elternteil stirbt, soll dieser von dem verbliebenen bestmöglich ersetzt werden. Das vorherige Beispiel zeigt das Gegenteil. Unsere Kinder dürfen nie das Gefühl erhalten, sie seien eine Last und nur ihretwegen müßten wir auf mancherlei verzichten. Sagen Sie Ihrem Kind immer wieder, wie sehr Sie sich freuen, daß Ihnen noch jemand geblieben ist, dem Sie Ihre Liebe und Fürsorge schenken können. Die Erziehung eines nun alleinstehenden Elternteils kann ebenso erfolgreich und wirkungsvoll sein wie die der vollständigen Familie. In vielen Fällen mag sie sogar besser ausfallen, weil der alleinerziehende Elternteil seine eigene Richtung beibehält, und keine Auffassungsunterschiede Unsicherheit bei Eltern und Kindern hervorrufen.

Ob es nun den Vater oder die Mutter zu ersetzen gilt, der Betroffene sollte im Verlust des Partners nicht die Wurzel allen Übels sehen und dies auch an die Kinder nicht so weitergeben. Der fehlende Elternteil besaß nicht nur Vorzüge, sondern auch Schwächen, die ebenso zu dem lebendigen Bild gehören, das man den Kindern zu erhalten versucht. Ohne die Schwächen wird er leicht zu einem unerreichbaren Idol. Der tote Elternteil hatte ja keine Gelegenheit, sich in den Augen der Kinder so darzustellen, wie er wirklich war. Sie konnten seine Fehler nicht erkennen. Viele Mütter vergleichen ihre Söhne mit dem toten Vater, den sie sich inzwischen durch ihr Erzählen selbst als Helden vorstellen, und sind enttäuscht, wenn der Sohn ihm nicht ähnlich wird. Auch manche Kinder empfinden es als belastend, wenn sie die Perfektion des Verstorbenen nicht erreichen, und verlieren ihr Selbstbewußtsein. Welch ein Glück, wenn sie jemandem begegnen, der ihre Vorstellungen korrigiert.

Ein Elternteil läßt sich nur ersetzen, wenn das Bild des Verstorbenen realistisch mit allen positiven und negativen Seiten wiedergegeben wird.

Viele Kinder leiden darunter, wenn sich der Vater

oder die Mutter wieder einen neuen Partner sucht. Die Trauer und eine meist mehrjährige enge Gemeinschaft hat sie mit dem verbliebenen Elternteil stark verbunden. Nun tritt ein fremder Mensch in ihr Leben. Kinder sind schnell eifersüchtig auf ihn, denn nun müssen sie ihre Mutter oder ihren Vater, der ihnen bisher allein gehörte, mit einem anderen Menschen teilen. Die Erwachsenen wissen das und haben oft Hemmungen, ihrem Kind den neuen Partner vorzustellen. Deshalb sollten wir die Kinder in Gespräche, soweit es möglich ist, und in Unternehmungen mit einbeziehen. Sie fühlen sich sonst ausgeschlossen und nicht mehr dazugehörig. Sie müssen spüren, daß sie wieder eine vollständige Familie besitzen und das neue Familienmitglied für sie ebenso wichtig wird wie der verbliebene Vater oder die verbliebene Mutter. Nur so läßt sich das Vertrauen der Kinder erhalten und neu gewinnen.

Wer früh leidet, reift auch früh

Sie war schon immer still und in sich gekehrt, aber wenn die achtundzwanzigjährige Monika etwas sagte, dann traf es zu. Sie arbeitete als Krankenschwester, und Patienten wie Kollegen zeigten sich von ihrer einfühlsamen Art gleichermaßen angetan. Nicht nur für die Sorgen und Probleme der Kranken, auch für die Kollegen und Freunde hatte Monika stets ein offenes Ohr. Als Kind war sie ganz anders. Bis zu dem Tag, als ihre Mutter starb, war Monika ein fröhliches Mädchen gewesen. Als Älteste von drei Kindern mußte die damals Zwölfjährige die Stelle der Mutter vertreten. Ihr Vater kam erst abends nach Hause und konnte im Haushalt nicht viel verrichten. Das jüngste Kind besuchte noch den Kindergarten, und das zweite wurde gerade eingeschult. Unter Vaters Anleitung und mit seiner Hilfe wurde abends eine warme Mahlzeit gekocht, jeden zweiten Tag kam die Gemeindeschwester, um die Familie zu versorgen. Doch vieles blieb Monika überlassen. Ihre Mitschülerinnen, die sich am Nachmittag vergnügten, beneideten sie nicht, denn sie hatte kaum freie Zeit. Monika nahm sich vor allem der Geschwister an, die mit ihren Sorgen zu ihr kamen und ihre Hilfe suchten, und tröstete sie, so gut sie konnte.

Durch diese Phase, die all ihre Fähigkeiten beanspruchte, reifte sie innerlich schneller als ihre Schulfreundinnen. Von dem fröhlichen Mädchen ist wenig geblieben, der Schicksalsschlag in ihrer frühen Jugend hat ihr weiteres Leben geprägt und sie schon sehr früh zu einer reifen Frau werden lassen.

Wer in der Kindheit leiden mußte, wer so jung schon mit den Schattenseiten des Lebens konfrontiert wurde und Entbehrungen hinzunehmen hatte, erwartet vom weiteren Leben nicht mehr soviel wie jemand, dem die Erfüllung jedes Wunsches selbstverständlich war. Er hat früh gelernt, Wesentliches von Unwesentlichem zu unterscheiden. Nach dem Verlust eines Elternteils war der verbliebene Elternteil häufig überfordert, wenn er nun finanziell für die Familie aufkommen mußte. Das Kind fand sich häufig auf sich selbst gestellt und begann bald – auch um die Mutter oder den Vater nicht noch mehr zu belasten –, seine Probleme selbst zu bewältigen. Es gewöhnte sich früh an selbständiges Handeln, Verantwortung und Pflichtgefühl. Als Erwachsener wird es daher viel besser mit schwierigen Situationen fertig, die für andere bereits eine Krise bedeuten.

In der Trauer um Vater oder Mutter ist das Kind mit dem verbliebenen Elternteil zu einer engeren Gemeinschaft zusammengewachsen. Dann blieb es nicht aus, daß der Elternteil froh war, wenn sich das Kind schon so verständig zeigte und eine Stütze darstellte. Es wurde in die Welt der Erwachsenen einbezogen und war bald mehr Partner als Kind. Dadurch entstehen auch Nachteile. Die Lösung von Vater oder Mutter vollzieht sich nur langsam. Manche Partnerschaften und Ehen gehen auseinander, weil der Betroffene – auch wenn er bereits eine eigene Familie hat – seinen Elternteil noch an die erste Stelle setzt. Andererseits möchte er aber auch seinen Partner nicht verlieren. Er kann sich nicht entscheiden. Bei einiger Kompromißbereitschaft muß dies allerdings nicht folgenschwer enden. Ein erwachsener Mensch, der bereits in der Jugend lernte, worauf es ankommt, wird zu Pflichtbewußtsein, doch ebenso zu Stärke fähig sein. Er wird wissen, was gut für ihn ist, und bei seiner Entscheidung darauf achten, daß niemand sich verletzt oder zurückgesetzt fühlt.

Ingo und Margret sind seit zwei Jahren verheiratet. Ingo wuchs als Einzelkind auf, stets behütet durch die Fürsorge seiner Mutter und ihre übergroße Liebe. Als zwölfjähriger Junge mußte er miterleben, wie sein Vater starb. Bis dahin hatte er eine gute Beziehung zu seinem Vater, der ihm nun sehr fehlte. Ingo klammerte sich immer mehr an die Mutter, die sich ebenfalls noch stärker auf ihn konzentrierte.

Als Ingo ein junger Mann wird und sich, wie seine Freunde, neuen Interessen zuwendet, stößt Ingos Verhalten bei seiner Mutter zunächst auf Ablehnung. Sie möchte nicht, daß ihr Sohn eigene Wege geht. Ihre Panik führt zu einem gespannten Verhältnis, unter dem auch Ingo leidet. Doch er sieht ein, daß es so nicht weitergehen kann, und nimmt sich eine eigene Wohnung. Dann lernt er Margret, eine aufgeweckte, fröhliche junge Frau, kennen und lieben. Beide haben gemeinsame Interessen und verstehen sich gut. Sie beschließen zu heiraten.

Margret ist eine hübsche junge Frau und überall beliebt. Doch Ingo vermißt bei ihr die häuslichen Fähigkeiten. Margret ist berufstätig und geht gern in ein Restaurant, aber Ingo möchte lieber alleine mit ihr zu Hause essen und verwöhnt werden, wie es seine Mutter immer getan hat. Obwohl Margret sich wirklich Mühe gibt, hat Ingo überall etwas auszusetzen. Er kritisiert nicht nur das Essen, sondern auch den Hausputz. Seine Mutter habe jede Woche die Fenster geputzt, die Gardinen öfter gewaschen als seine Frau und vieles mehr. Er bemerkt gar nicht, wie sehr er seine Frau verletzt, bis sie es nicht mehr erträgt: »Wenn du eine Haushälterin und eine Putzfrau einer Ehefrau und Partnerin vorziehst, dann suche dir bitte eine. Deine Mutter hatte ja auch keinen Beruf nebenher und mehr Zeit als ich, auf deine Wünsche einzugehen. In meinem Beruf werden meine Fähigkeiten und meine Leistungen wenigstens anerkannt und beachtet.«

Gibt es in einer solchen Ehe eine gemeinsame Basis, auf der sie ihr Leben neu aufbauen können? Ja, Ingo muß sich nur von seiner Mutter lösen. Äußerlich hat er das ja bereits vor längerer Zeit getan, doch innerlich noch nicht. Dies fällt ihm besonders schwer, weil er in den entscheidenden Jahren, die ihn für sein weiteres Leben prägten, zu stark auf seine Mutter ausgerichtet war.

7
Den Tod nicht fürchten

Was wirklich tröstet und nicht nur vertröstet

Der Tod kann eine Gnade sein, ja eine Erlösung, wenn ein Mensch krank und voller Schmerzen und Leiden war. Die Hinterbliebenen trösten sich damit, daß er nun nicht mehr leiden müsse. Außerdem waren sie auf seinen Tod vorbereitet. Doch wie ist es, wenn ein Mensch plötzlich aus dem Leben gerissen wird? Die anfängliche Unterstützung des Hinterbliebenen läßt bald nach und beschränkt sich auf Notwendigkeiten und gute Ratschläge. Wie beruhigend und anders ist es dagegen, wenn wir wissen, daß unsere Mitmenschen uns in unserer Trauer nicht allein lassen. Wenn sie uns spontan ins Theater einladen, auf einen Wochenendausflug mitnehmen oder bitten, mit ihnen den Urlaub zu verbringen.

Hannelores Mann starb, als er ein halbes Jahr vor seiner Pensionierung stand. Von einer Lungenentzündung hatte er sich nicht mehr erholt. Hannelore konnte es nicht fassen. Sie hatten sich noch soviel Gemeinsames vorgenommen. Worte der Kinder, wie »Ihr hattet eine harmonische Ehe geführt, die nicht allen Menschen vergönnt ist« oder »Vater hat ein erfülltes Leben genossen«, erreichen Hannelore nicht. Stets bleibt ein »Wenn« und »Aber« zurück. Was wissen die Kinder schon, wie jemandem zumute ist, der mit sechzig Jahren plötzlich ohne Partner im Leben steht. Ist sie nicht um viele Jahre betrogen, die sie und ihr Mann noch gemeinsam hätten verbringen können?

Wäre es, wenn ein uns nahestehender Mensch von uns geht, nicht besser, für das Leben zu danken, das dieser Mensch mit uns teilte? Scheint es uns, daß wir noch nicht alles ausgekostet haben, so liegt es vielleicht daran, daß wir uns zuviel vornahmen. Alle Wünsche und Ziele zu verwirklichen, ist kaum möglich. Das Gewinnbringendste, das der Mensch erreichen kann, ist die Zufriedenheit mit dem, was er hat, und die Fähigkeit, aus jeder Situation das Beste zu machen. Dann ruht er in sich selbst, weiß um seine Kraft. So ist er eher in der Lage, schwierige und schmerzliche Gegebenheiten zu akzeptieren und in Positives umzuwandeln.

Das eigene Leben endet nicht mit dem Tod des Partners. Er hat zwar den wichtigsten Platz in unserem bisherigen Dasein eingenommen, doch es gibt noch mehr, das es lebenswert macht und unsere Aufmerksamkeit verdient. In der Hinwendung zur Natur, zu anderen Menschen und Lebensbereichen (Musik, Kunst, Unterhaltung und ähnlichem) kann der Hinterbliebene Trost, Hilfe und neue Anregungen finden. Jahrzehnte voller

Harmonie in einer ehelichen Gemeinschaft durfte er erfahren. Wenn er dankbar dafür ist, verzweifelt er nicht und verfällt nicht der Trauer, sondern betrachtet diese Veränderung als Zeichen, sich jetzt anderen Dingen zu widmen, denen er bisher keine Beachtung schenkte.

Denken wir doch einmal darüber nach, was wir in unserer Ehe mit unserem Partner erlebten, auf welche Dinge wir aber auch verzichteten. Eine Partnerschaft besteht ja nicht nur aus Nehmen, sondern auch aus Geben und Verzicht.

Die achtundfünfzigjährige Else interessierte sich immer schon für klassische Musik, ihr Mann dagegen gar nicht. Jetzt, nach seinem Tod, hat sie dieses Interesse wieder aufgegriffen und geht in der Musik nahezu auf. Allein besuchte sie während der Ehe nie eine musikalische Veranstaltung, weil es ihr keine Freude bereitete. Nun aber helfen ihr die Musik und andere Neigungen ein wenig über den Tod hinweg und mildern die Trauer.

Der neunundfünfzigjährige Wilhelm fuhr vergangenes Jahr zum ersten Mal seit seiner Kindheit wieder in die Berge und machte dort Urlaub. Seine Frau hatte die Höhenluft nicht vertragen, und wegen ihres Asthmas waren beide jedes Jahr an die See gefahren. Wilhelm wäre nie auf den Gedanken gekommen, ohne seine Frau in Urlaub zu fahren. Ihr zuliebe verzichtete er auf die Bergwelt, in der er sich viel wohler gefühlt hätte.

Der zweiundsechzigjährige Fritz hat sich nach dem Tod seiner Frau einen kleinen Pudel gekauft. Dieser war natürlich kein Ersatz für seine Frau, doch Fritz hatte sich schon immer einen Hund gewünscht. Seine Frau hatte ein Tier im Haus abgelehnt. Der Hund erfreut ihn, und die regelmäßigen Spaziergänge an frischer Luft empfindet Fritz als wohltuend, gleichzeitig als angenehme Abwechslung.

Die Beispiele wollen keineswegs den Eindruck vermitteln, manche Menschen würden geradezu darauf warten, daß der Partner stirbt, damit sie endlich ihren Neigungen nachgehen können. So sind sie nicht gemeint. Aber in einer harmonischen Partnerschaft verzichten beide Partner selbstverständlich auf Dinge, die dem anderen nicht gefallen. Nach dem Tod des Partners können wir uns jedoch wieder daran erinnern und diese Dinge erneut aufnehmen und verwirklichen. Unser Leben geht ja weiter. Gestalten wir es nach unseren eigenen Vorstellungen, denn wir stören niemanden damit. Wir können unbedenklich einem Hobby nachgehen, das uns erfüllt und unserem Leben wieder einen Sinn gibt. Es hilft uns vielleicht, der Realität gefaßter gegenüberzutreten, unsere täglichen Pflichten wahrzunehmen und über die Sorgen und Probleme, aber auch über die Trauer und den Schmerz hinwegzukommen. Werden wir dennoch zu sehr an den Partner erinnert, ist ein Wohnungswechsel zu überlegen. Neue Tapeten vermögen oft kleine Wunder zu wirken. Wer keinen Umzug wagen will, kauft sich vielleicht neue Einrichtungsgegenstände, um durch diese Veränderung und den Gefallen daran ein wenig Abstand zu gewinnen. Gute Ratschläge und Worte bringen dem Hinterbliebenen meist keine echte Hilfe. Taten dagegen lassen ihn den Schmerz leichter überwinden. Aufgaben, Hobbys, denen wir gern nachgehen und in denen wir uns bestätigen können, steigern unser Selbstwertgefühl und bedeuten echten Trost.

Der Sinn des Sterbens

Welch ungeheure Anforderung stellt die Tatsache des Todes, die Notwendigkeit des eigenen Sterbens an uns? Wir müssen die Unausweichlichkeit einsehen, daß das eigene Ich, um dessen Gestaltung wir so sehr bemüht waren, dann nicht mehr existiert.

Was haben alle Bemühungen für einen Sinn, wenn sie in der sicheren Vergänglichkeit des Todes enden? Dieser radikale Lebenszweifel kann viele Formen der Verzweiflung erzeugen und bedeutet für manche Menschen eine Lebensbedrohung, die größer als ihre eigentliche Todesfurcht ist.

Die Philosophie wendet gegen diese Zweifel immer wieder ein, daß die Vergänglichkeit den Wert von Gütern und Freuden des Lebens nicht mindert oder aufhebt. Sie hätten ihre Bedeutung in sich selbst. HANS L. SCHNEIDER schreibt in seinem Aufsatz »Die Bedeutung des Todes für das Leben«: »Weder ist zum Beispiel ein Musikstück nichts wert, weil es einen Schluß hat, noch käme man auf den Gedanken, es für besser zu halten, wenn es endlos wäre; weder ist ein liebevolles Lächeln wertlos, weil es flüchtig ist, noch wünschen wir, es würde sich zu einem Grinsen verfestigen. Eine Freundschaft zum Beispiel wird nicht dadurch entwertet, daß sie endet, weil einer der beiden Freunde stirbt. Das Gefühl der Trauer, das den Zurückgebliebenen bewegt, mag noch so stark sein, es stellt den Wert der Freundschaft nicht in Frage. Im Gegenteil, wer trauert, bestätigt den Wert dessen, worum er trauert. Warum sollte also das Leben wertlos sein, weil es endlich ist?«

Obwohl dies alles einleuchtend und verständlich erscheint, trifft es die vernichtende Kraft nicht, die wir im Augenblick des Todes erleben. Zu einem Musikstück, das eine in sich abgeschlossene Einheit ist, gehören Anfang und Schluß, der ja vorbereitet wurde. Es lebt nach dem Ende in der Erinnerung des Hörers fort. Ein flüchtiges Lächeln wirkt doch erst durch sein rasches Vergehen. Wie ist es aber mit dem Verlust einer Freundschaft oder Liebe? Sie löst tiefe Trauer aus. Der Sinn, der unser Ich fähig machen soll, den Tod anzunehmen, muß so tief verwurzelt sein, daß er selbst von dieser Auslöschung des Ich nicht betroffen ist.

Wie steht es mit der Todesangst? Der Mensch strebt nach Macht, ja sogar nach Übermacht. Wie soll er das, was er ist, verstehen? Er ißt, trinkt, wacht und schläft, kämpft um seine Selbsterhaltung und ist angewiesen auf die Gesundheit aller Organe. Dann wird er alt, verliert seine Kräfte und stirbt wie alle anderen Lebewesen. Aber er hat auch ein Bewußtsein. Er weiß um sich selbst. So hebt er sich von der Natur ab und schafft sich eine eigene intelligente, moralische und kulturelle Welt, die ihn umgibt. Den Tod hat er jedoch beiseite geschoben, macht ihn mit allen Bedingungen seines Seins zum Tabu. (Auch weil der Tod den Menschen an all seine Unterlassungen mahnt, möchte der Mensch ihn aus seinem Leben verbannen.)

Leben bedeutet Entwicklung. In der Natur, der wir angehören, ist Entwicklung nur durch Werden und Vergehen möglich. Unser ganzes Leben wird von der Auseinandersetzung mit dem Unvollendetsein und dem Sichtrennenmüssen bestimmt. Überall begegnet uns das Abschiednehmen. Der Schmerz über den Tod begleitet uns nicht nur, wenn der Verlust eines lieben Menschen zu beklagen ist oder am Ende unseres eigenen Lebens. Wen wundert es, daß unser Bewußtsein im Niemandsland zwischen Entstehen, Vergehen und wieder Entstehen auf viele Verdrängungen verfällt, um sich selbst Dauer und Ewigkeit zu gewährleisten?

Doch erfahren wir nicht gerade im Tode, im Vergehen den Sinn des Sterbens, indem wir wieder neu geboren werden?

Todesfurcht ist Lebensangst

Leben bedeutet immer gleichzeitig auch Tod, genauso wie es ohne Jugend kein Alter, ohne Tag keine Nacht gäbe. Nur beide Teile bilden ein Ganzes. Wenn unser Ziel das Ganze ist, können wir nicht das eine sehen und das andere verdrängen. Der Versuch, das Leben vom Tod zu trennen, wird nie ganz gelingen (und würde unser Dasein wohl auch ärmer machen).

Der Tod begleitet uns durch unser ganzes Leben. Denn wie schnell kann es geschehen, daß wir »gerade noch einmal davongekommen« sind und gleichsam einen Vorgeschmack von ihm erhalten. RAINER MARIA RILKE sagt dies sehr treffend: »Der Tod ist groß, wir sind die Seinen lachenden Munds. Wenn wir uns mitten im Leben meinen, wagt er zu weinen, mitten in uns.« Er greift damit die Weisheit eines alten Liederdichters auf: »Mitten wir im Leben sind mit dem Tod umfangen.« Der Begriff »umfangen« enthält eine Geste des Bewahrens und der Liebe. Wenn wir dies so sehen, können wir uns mit dem Tod leichter vertraut machen, und er flößt uns ebensowenig Angst ein wie das Leben, denn beide bedingen einander. Warum also erschweren sich die meisten Menschen das Leben, indem sie das Sterben fürchten? Vielen bereitet die Vorbereitung auf das Sterben mehr Qualen als das Sterben selbst. Wer ein sehr hohes Alter erreicht hat oder wer krank war, für den ist der Tod eine große Erleichterung, er kann ihn bejahen, sogar herbeisehnen. Zum Problem wird er für den, der ihn verdrängt und bekämpft, der stets auf der Flucht vor ihm ist. Manche Menschen können nicht an einer Trauerfeier oder Beerdigung teilnehmen, weil sie dabei zu sehr an den eigenen Tod denken, den sie fürchten. Sie weichen allem aus, das mit dem Tod zusammenhängt, weil sie nicht an das eigene Sterben erinnert werden möchten. Die Furcht vor dem Lebensende begleitet sie wie ein Schatten, den doch niemand abschütteln kann. Wie können wir diese Todesfurcht überwinden? Das Kennenlernen des fremden Todes sollten wir nicht ablehnen, sondern uns – vielleicht auch durch Besuche in Krankenhäusern und Sterbekliniken – damit auseinandersetzen. Warum nicht einmal eine Trauerfamilie besuchen? Es hilft, wenn ich weiß, wie andere Menschen über den Tod denken und sprechen, wie sie trauern, ohne zu verzweifeln. Wir können versuchen beizustehen, ohne nur »dabei«zustehen.

Vor zweihundert Jahren gab es eine Vielzahl von Sterberatgebern, die ein interessantes Pendant zu den heute verbreiteten Lebensratgebern darstellen. Unter aufmunternden Titeln wie »Nützlicher Zeitvertreib auf dem Kranken- und Sterbebette« vermitteln sie verschiedene Hinweise: »Christliche Sterbeklugheit oder heilsame Anweisung, wie man sich zum seeligen Tode bereiten und in Krankheiten gebührlich verhalten solle« oder »Die Kunst, großmütig und selig zu sterben«. Diese Kunst, die uns die Todesfurcht und damit gleichzeitig die Lebensangst nehmen soll, gehört nicht nur zur Würde des Alters, sondern – da der Tod uns ja in jedem Alter überraschen kann – zur Würde des Menschen überhaupt. Denn die Furcht und ihre Gründe, die Gefühle von Trauer und Verzweiflung, aber auch die Vorstellung von dem, was nach dem Tod sein oder nicht sein könnte, gehören ebenso zum Leben wie die Zeugung und die Geburt, die beide längst keine Tabus mehr sind. Warum werden unheilbare Krankheit und Tod immer noch so verschwiegen behandelt? Es ist längst an der Zeit, den Tod wieder als das anzusehen, was er ist, nämlich eine Lebenstatsache und Notwendigkeit.

Wenn ein älterer Mensch vom Ende und vom Sterben spricht, dürfen wir nicht sagen: »An so etwas mußt du noch nicht denken.« Damit wird niemandem geholfen. Im Gegenteil. Jeder Mensch, ob alt oder jung, muß lernen, sich mit dem Tod auseinanderzusetzen. Ein älterer fürchtet den Tod mehr als ein junger Mensch, weil er ihn eher erwartet. Wir müssen ihm helfen, ihn zu akzeptieren und ihn nicht auch noch zu verdrängen. Für einen älteren Menschen ist es ganz natürlich, sich dem Tod zu stellen. Eine vertiefte Glaubensgrundlage kann dabei eine große Stütze sein.

Warum fürchten so viele Menschen den Tod? Das Sterben geschieht heute überwiegend hinter den verschlossenen Türen der Kliniken, ist also aus dem täglichen Leben herausgenommen. Man kann es auch als Wohltat betrachten, daß es seinen privaten Charakter dadurch behielt. Dies aber hat wiederum dazu geführt, daß wir kaum noch persönliche Erfahrungen mit dem Tod und dem Sterben machen können. Wir bleiben mehr oder weniger ausgeschlossen, und auch der Sterbende würde vielleicht lieber im Kreis seiner Familie und zu Hause, wie es in früheren Zeiten üblich war, dem Ende seines Lebens entgegensehen. Unsere Lebensangst entspringt meist nicht dem Wissen, daß wir sterben müssen, sondern dem Nichtwissen, wie wir sterben werden. Die Sorge, daß wir in der Todesstunde allein sind, ist weit verbreitet. Die Angst vor den Unwägbarkeiten läßt uns alles, was mit Tod und Sterben zusammenhängt, aus dem Bewußtsein verdrängen.

Dennoch wäre es uns dienlicher, wenn wir den Teufelskreis durchbrächen und lernten, vom Sterben ebenso wie vom Leben zu sprechen. Warum konnte man früher vom Sterben schreiben, und warum fällt es den Menschen in unserer Zeit so schwer? Vielleicht liegt es daran, daß die Menschen früher, als es noch kaum medizinische Wissenschaft gab, anders gestorben sind als heute. Man starb an anderen Krankheiten, vielleicht auch bewußter und wacher. Man kannte kein Morphium gegen die Schmerzen. Angehörige und Pfleger erfuhren mehr vom Sterben als wir heute. Inzwischen hat sich das äußere Bild zwar gewandelt, doch die Grundsituation des Menschen blieb gleich. Wir müssen also unser Leben lang lernen, bewußt auf das Ende zu sehen. Deshalb muß das Leben nicht traurig oder trüb sein. Der Gedanke an die

Vergänglichkeit unseres Daseins führt uns vielmehr zu einem intensiveren Erleben des Hier und Jetzt. Der Tod verliert seine Schrecken, wenn wir ihn bewußt mit einbeziehen.

Die vierundfünfzigjährige Berta hatte ihren Mann bis zuletzt gepflegt. Er litt an Krebs. Die Ärzte im Krankenhaus konnten nichts mehr für ihn tun und hatten ihn nach Hause entlassen. Der Hausarzt kam täglich und gab ihm schmerzstillende Mittel. Schließlich konnte der Kranke nichts mehr zu sich nehmen. Berta kochte seine Leibgerichte und fütterte ihn. Doch er wurde immer schwächer, bis er starb.

Durch die schweren letzten Wochen ihres Mannes war sie jetzt nur noch auf ihren eigenen Tod fixiert. Berta hatte furchtbare Angst, daß auch ihr Leben so zu Ende gehen würde. Nachts ließen Alpträume ihr keine Ruhe. Sie sah sich selbst dahinsiechen, ein Schreckensbild, und wachte dann schweißgebadet auf. Berta war sehr gläubig und hatte eigentlich den Tod nicht gefürchtet. Sie hatte viel über ihn gelesen und sich früh damit vertraut gemacht. Auch jetzt hatte sie keine Angst vor dem Sterben, dem eigentlichen Sterben, doch wenn sie vorher so leiden müßte, das könnte sie nicht ertragen. Fortan lebte sie in der Angst, unheilbar krank zu werden. Jeden zweiten Monat erschien sie bei ihrem Arzt, beschwor ihn, ihr die Wahrheit über ihren Gesundheitszustand zu sagen. Durch ihre panische Angst wurde sie tatsächlich krank, sie konnte nichts mehr essen. Was als nervöses Magenleiden begann, entwickelte sich zu einem Magengeschwür, von dem sie jedoch geheilt aus dem Krankenhaus entlassen wurde. Trotzdem wich ihre Angst nur langsam, und der Gedanke an den Tod erfüllte sie in einer zuvor nie gekannten Weise mit Sorge.

Diese Frau fürchtete nicht eigentlich den Tod, sie hatte Furcht davor, *wie* sie sterben würde. Die meisten Menschen haben vor dem Angst, was sie vorher vielleicht durchmachen müssen. Die Medizin ist heute zwar weit fortgeschritten, beherrscht aber längst noch nicht jede Krankheit. Viele Menschen haben noch lange zu leiden, ehe ihr Leben in den Tod übergeht.

Nicht umsonst heißt es, wenn jemand durch einen plötzlichen Herzinfarkt oder dergleichen gestorben ist: »Er hat einen schönen Tod gehabt.« Wünschen wir uns nicht alle einen solchen Tod? Wenn das Leben zu Ende geht, dann soll es schnell und schmerzlos geschehen. Viele, die unheilbar krank sind, wählen den Freitod. Dies muß jedem Menschen überlassen bleiben. Denn so wie jeder Mensch das Recht hat, über sein Leben zu bestimmen, hat er dasselbe Recht in bezug auf seinen Tod. Wie erwähnt, ist Todesfurcht in Wirklichkeit eine Lebensangst, die nicht allein der Tatsache entspringt, daß wir sterben müssen, sondern vor allem der Frage nach dem Wie. Es wäre jedoch falsch, sich sein Leben, das man nur einmal genießen kann, mit dieser Angst zu verderben. Es gibt keine Möglichkeit, das Wie vorwegzunehmen. Also sollten wir uns nur darauf vorbereiten, daß wir sterben, und das Leben so nutzen und auskosten, als wäre jeder Tag der erste und zugleich der letzte.

Leben lernen – sterben lernen

Nichts ist beruhigender, als wenn wir an unserem Lebensende auf ein langes und schönes Leben zurückblikken können. Nicht jedem von uns ist das freilich gegeben. Ohne ihr eigenes Verschulden ist das Leben vieler Menschen durch Kriege oder andere Schicksale in eine Sackgasse geraten. Aus ihr – wenn überhaupt – wieder herauszufinden und sich zu erholen, kostet weitere Jahre des Lebens. Trotzdem lohnt es sich immer und in jedem Alter, den Blick nach vorne zu richten und dem Leben die guten Seiten abzugewinnen.

Leben lernen heißt nicht etwa, nach Macht, Geld, Anerkennung und Karriere zu streben. Der wahre Lebenskönner genießt das Leben mit dem wenigen, das er besitzt. Wer sich für das Erreichen von Macht und Ruhm einsetzt, übersieht leicht die vielen Dinge, die das Leben jeden Tag für uns bereithält. Erst wenn das Licht des Tages das Dunkel der Nacht nicht mehr ablöste und kein Frühling mit seiner unendlichen Fülle auf den Winter folgte, würde der Mensch bemerken, wie reich uns das Leben beschenkt. Wie selbstverständlich registrieren wir, daß alle Sinne und Gliedmaßen funktionieren. Das Singen der Vögel am Morgen und der Untergang der Sonne am Abend, all das und vieles mehr ist uns gegeben, ohne daß wir etwas dafür getan haben.

Auf der Beerdigung des Fabrikbesitzers Meinhard sagte der Pfarrer: »Er hat ein erfülltes Leben gehabt.« Was ist damit gemeint? Hatte er das tatsächlich? Mit knapp zwanzig Jahren mußte Meinhard die Papierfabrik seines Vaters übernehmen, weil dieser früh starb. Zeit für andere schöne Dinge des Lebens blieb nun nicht mehr. Der ehrgeizige Meinhard vergrößerte die Fabrik, um konkurrenzfähig zu bleiben und die Konkurrenz möglichst noch zu übertrumpfen. Hetze von einem Termin zum anderen bestimmten sein Leben. Er gönnte sich keinen Urlaub. Für seine Frau und die Kinder blieb keine Zeit.

Als er mit achtundfünfzig Jahren an Herzversagen starb, hatte er es in seinem Leben wohl zu etwas gebracht. Seine Familie konnte stolz auf ihn sein, aber was hatte er selbst von seinem Leben gehabt? »Irgendwann will ich mich zur Ruhe setzen und mein Leben genießen«, hatte er stets gesagt. Doch dazu kam er nicht mehr.

Wer alles auf die Zukunft verschiebt, wer nicht im Hier und Heute lebt, wird an seinem Leben vorbeileben. Wer behauptet, keine Zeit zu haben, sagt nicht nur die Unwahrheit, er gibt auch zu, daß er ein Sklave ist, der nicht über seine eigene Freizeit verfügen kann. Unser Leben aber findet im Augenblick statt. Erleben heißt: Koste den Tag aus, laß dich von ihm erfüllen, und erfülle ihn auch ohne die Dimension der Vergangenheit und der

Zukunft. Niemand kann ohne Hoffnung und ohne Zukunft leben, aber diese Hoffnung zum einzigen Lebensinhalt zu machen, bedeutet zugleich, die Gegenwart der Zukunft zu opfern. Wir entwerten und relativieren auf eine Zukunft hin, von der wir nicht wissen, ob es sie für uns überhaupt gibt. Wenn wir so leben, nehmen wir unzählige Chancen, die die Gegenwart bietet, nicht wahr.

Leben lernen heißt auch, sich den Tod rechtzeitig zum Freund zu machen, weil er in jedem Alter eintreten kann. Niemand gibt die Garantie, daß wir mit dreißig oder vierzig Jahren noch viel Zeit haben, das Leben zu nutzen, auch wenn wir dies gerne glauben möchten.

So wie wir leben lernen können, kann auch der gedankliche Umgang mit dem Tod gelernt werden. Unser Sterben wird durch das Leben vorgeprägt, denn dieses geht ihm voraus und bereitet es vor. Das Leben mündet, ohne daß wir es bemerken, in das Sterben. Unser ganzes Dasein entwickelt sich auf den Tod zu. Wie sieht ein solches Leben aus? Wie lebt ein Mensch, der weiß, daß er sterben muß? Wie können wir selbst die Voraussetzung eines guten und friedvollen Todes schaffen? Schon zu Lebzeiten muß ich mich darin üben, allen Ballast zu entfernen. Befreien wir uns von allen Dingen, die für uns keinen Sinn und Wert haben. Auf diese Weise lernen wir, rechtzeitig loszulassen. Ebenso wichtig ist das rechtzeitige Vertretenlassen. Wir sollten aufhören anzunehmen, daß nur wir alles können. Wie das Beispiel des Fabrikbesitzers zeigte, wird jeder einmal durch einen anderen abgelöst. Wenn wir gestorben sind, muß und wird es auch ohne uns gehen.

Wie wir uns auf das Sterben vorbereiten, bleibt jedem selbst überlassen. Der Tod ist eines der ganz großen, ehrfurchtgebietenden Ereignisse. Es mag erschreckend klingen, aber warum gestalten wir das Sterben eines nahestehenden Menschen nicht so, als wäre es ein Fest – kein lautes, sondern ein Fest in Stille und Schweigen? Der Sterbende soll das Gefühl erhalten, daß man ihm seine ganze Aufmerksamkeit schenkt, seine letzten Stunden mit ihm durchlebt und teilt. Das beruhigt und tröstet – nicht nur den Sterbenden, sondern auch die Hinterbliebenen.

So leicht und selbstverständlich der Satz, daß alle Menschen einmal sterben müssen, ausgesprochen wird, so erschreckend ist sein Gewicht, und so schwer ist er in die vielen anderen Selbstverständlichkeiten unseres Lebens mit einzubeziehen. Zumeist leben wir so, als gebe es keinen Tod, und nehmen uns so viel vor, als hätte unser Leben kein Ende. Viel zu selten denken wir daran, daß dies nicht der Fall ist. Die Sorgen des Tages und die Aufgaben des Lebens verdrängen das Bewußtsein von unserer Sterblichkeit und lassen sie uns vergessen. Wenn wir in die Überlegungen um unsere Zukunft, von der wir nicht wissen, ob wir sie erleben werden, auch den Tod mit einbeziehen, werden wir mit ihm vertraut und können das Sterben, ohne daß uns der Gedanke Schrecken bereitet, gleichsam Schritt für Schritt lernen.

Freude am Leben findet immer Freunde

Das Leben ist ein Geschenk – was verstehen wir darunter? Zunächst, daß das Leben von der positiven Seite zu betrachten ist. Es handelt sich nicht um einfachen Optimismus, der über das Schmerzhafte, Leidvolle und Bedrohliche hinwegsieht. Aber wir sollen davon ausgehen, daß das, was unser Leben im Innersten ausmacht, durchaus nicht von Schmerz, Enttäuschung und Leere erfüllt, sondern Freude, Erfüllung und Glück ist.

Der sechsundfünfzigjährige Alfred kommt über den Tod seiner Frau nicht hinweg. Der sonst so dynamisch und vital wirkende Mann verliert jede Lebensfreude, das Gefühl völliger Lust- und Sinnlosigkeit stellt sich ein, und er verfällt in tiefe Hoffnungslosigkeit.

Aber Alfred ist nicht nur seelisch krank, sondern die Krankheit greift auch auf den Körper über. Gewichtsverlust und Magengeschwüre sind die Folge. Im Beruf leistet er kaum noch etwas und muß bald mit entsprechenden Maßnahmen rechnen. Er läßt sich gehen, obwohl Verwandte ihn gut versorgen. Oft wollten sie ihn zu gemeinsamen Unternehmungen mit ihnen überreden. Vergebens. Freunde und Bekannte schickte er fort. Niemand kann ihm helfen, weil er sich nicht helfen läßt. Alfred empfindet sein Leben als wertlos. Jeder Versuch, die Situation zu verbessern, wird negativ erlebt und dadurch zum Mißerfolg.

Am Tiefpunkt dieses Stimmungsbarometers kann aber

auch eine Wende eintreten. Aus dem im Menschen tief verwurzelten Bedürfnis nach Sinn tritt nun die Frage nach dem Sinn des Lebens auf, und Leid läßt sich in Leistung, Schuld in Wandlung und Tod in Ansporn zum verantwortungsvollen Handeln umpolen. So sind auch die negativen Phasen des Lebens als Zeiten der Prüfung, Reifung oder Besinnung aufzufassen. Jetzt wendet sich der Blick des Betroffenen von den abbröckelnden Wänden seines bisherigen Lebensgehäuses ab und sucht das Fundament. Er stellt sich zunächst die Frage, ob es überhaupt noch steht. Das ist der Anstoß, durch sein Leiden bis zum »Geheimnis der bedingungslosen Sinnhaftigkeit des Lebens«, wie VIKTOR E. FRANKL es ausdrückt, vorzudringen und zu erkennen, daß sogar ein unabänderliches Leiden noch seine Sinnmöglichkeiten in sich birgt. Das Leiden kann Kräfte im Menschen freisetzen, die ihn zu großartigen Leistungen befähigen.

Wohl jeder von uns erlebte Situationen, in denen er Freude am Dasein empfand. Er fühlte sich bestätigt, bejaht und erfreut und sah keinen Grund zu fragen, warum und wozu er lebte. Denn mit dem, was er erlebte, erwies sich der Sinn des Lebens von selbst. Wer dazu bereit ist, erfährt schon in den einfachsten Sinneserfahrungen Freude am Leben. Gelingt uns eine Arbeit besonders gut, besitzen wir eine Aufgabe, die uns ausfüllt, erleben wir den Erfolg unserer Anstrengung und fühlen uns in Hochstimmung, und unser gesamtes Erleben erfährt eine unerhörte Steigerung. Ebenso gibt es jedoch Situationen, in denen der Mensch all diese Dinge nicht wahrnimmt, sie sogar nicht sehen will. Wenn er an einem Tief angelangt ist und nur noch Trauer und Verzweiflung verspürt, wie es zum Beispiel der Verlust eines lieben Menschen mit sich bringt, droht die Freude zu verkümmern.

Die achtundfünfzigjährige Hilde verlor ihren Mann und ihren Sohn gleichzeitig durch einen Bergunfall. Lange Zeit konnte sie sich von dem Leid dieses doppelten Verlusts nicht erholen. Aber sie wollte vermeiden, daß anderen das gleiche widerfuhr. Schon öfter waren auch erfahrene Bergsteiger an derselben Stelle wie ihr Mann und ihr Sohn abgestürzt. Viele hätten bei rechtzeitiger Hilfe noch am Leben sein können.

In dem abgelegenen Tal gab es keine Rettungsmannschaft. Hilfe in Not mußte von weit her angefordert werden. So entschloß sich Hilde, sich von ihrer Trauer nicht entmutigen zu lassen. Gemeinsam mit einigen Mitbürgern gründete sie eine freiwillige Bergwacht, die durch Unterstützung der Behörden und freiwillige Spenden nach einiger Zeit einen Hubschrauber und Geräte zur Verfügung hatte, um im Notfall schnell eingreifen zu können.

Diese Frau hat nicht gefragt, was das Leben ihr noch gebe, sie hat gefragt, was sie für andere tun könne. Die Hilfe, die anderen durch ihre Maßnahme zuteil wurde, ist ihr Lohn genug. Dadurch sieht sie in ihrem Leben wieder einen Sinn. Nicht da, wo wir für uns etwas erwarten und dem Leben gegenüber Ansprüche geltend machen, stellt sich die Gewißheit ein, daß es schön ist, sondern dort, wo wir etwas zu tun und zu geben bereit sind, erfahren wir Freude. Das Licht, das wir anderen bringen, wirkt zurück und hellt auch unser eigenes Dasein auf.

Krankheit, Hunger, Gewalt und Tod kannte die Menschheitsgeschichte zu allen Zeiten. Aber sie muß auch immer wieder Freude, Liebe und Glück gekannt haben, die es möglich machten, das Leben dennoch zu bejahen. All das ist auch heute noch da. Es gibt viele Dinge, die Depressionen hervorrufen, aber es gibt nicht weniger Dinge, über die wir uns freuen können und die das Leben – auch nach Schicksalsschlägen – immer wieder lebens- und liebenswert machen. Es stellt sich die Frage, ob nicht in uns selbst die Fähigkeit zu Freude geweckt werden muß. Trauer und Verzweiflung dürfen uns nicht blind machen für die schönen Dinge des Lebens.

Erwarten wir nicht immer wieder, daß andere Menschen uns Freude vermitteln? Von ihnen erhoffen wir Belohnung und Anerkennung. Wahre Freude bleibt aber letzten Endes eine persönliche Dimension geglückten Lebens. Wer Freude wecken und teilen kann, ist ein glücklich und zufrieden im Leben stehender Mensch.

Die größte Freude gibt es wohl in einer zwischenmenschlichen Beziehung, aber auch in vielem, das nicht sofort erkennbar ist. Wer diese nicht gleich sichtbaren Oasen des Lebens aufspürt und freilegt, ist ein wahrer Lebenskünstler. Wem es gelungen ist, sie zu finden, der wird auch um ihre Pflege wissen, das heißt, sie kultivieren und nicht unachtsam der Gleichgültigkeit anheimfallen lassen.

Wohl jeder Mensch mußte in seinem Leben bereits Schweres durchstehen und hat es auch bewältigt. Daher wissen wir, wieviel Beglückendes aus einer vollbrachten Leistung entspringen kann. (Und nichts ist schöner, als diese Freude dann mit jemandem zu teilen. Denn der Mensch lebt nicht nur für sich allein.) Wir können unserem Kind bei der Verabschiedung zur Schule ein aufmunterndes Wort mit auf den Weg geben, wir können unserem Nachbarn unsere Hilfe anbieten, wenn er in Not ist. Im weitesten Sinn sind wir mitverantwortlich für die Freudefähigkeit der uns nahestehenden Mitmenschen. Als Dank kommt sie auf uns zurück.

Wer so lebt, empfindet sein Leben nicht als Last und stellt sein Dasein nicht in Frage. Ganz gezielt wird er sich der Freude des Lebens erinnern und sich nicht nehmen lassen, daß es nach allem Bedrohlichen, Schmerzhaften und Schrecklichen immer wieder das Schöne und Gute in der Welt gibt, daß dem Leben trotz Trauer und Verzweiflung immer wieder Freude abzugewinnen ist.

Mit mürrischem Gesichtsausdruck packt Ernst seine Waren in den mitgebrachten Einkaufskorb, den Rest nimmt er unter den Arm. Mit schlurfenden Schritten verläßt er den Supermarkt. Als ihm ein junger Mann freundlich die Tür aufhält, weist er ihn schroff zurück. Genauso verhält er sich, als ihm ein kleines Mädchen in der Straßenbahn seinen Platz anbietet. Nicht ein Wort des Dankes, kein Lächeln, nichts hat Ernst mehr für seine Umwelt bereit.

Seit dem Tod seiner Frau lebt er wie ein Einsiedler. Dabei war er früher ein sehr zugänglicher und freundlicher Mann. Aber durch den Verlust seiner Frau ist für Ernst die Freude aus seinem Leben gewichen. Der Schicksalsschlag hat Ernsts Bild von der Welt und den Menschen verzerrt. Er betrachtet sie als bösartig und meint, niemandem trauen zu können, da jeder doch nur sich selbst der Nächste sei. In seinen Augen ist die Welt herzlos und unfreundlich geworden.

Doch der wirklich Betrogene ist Ernst selbst. Durch seine ablehnende Haltung den Mitmenschen gegenüber hat er die Chance verpaßt, seinen Weg mit einem erfreulichen Eindruck fortzusetzen. Sein Blick ist stets nur geradeaus gerichtet, um sich herum nimmt Ernst nichts wahr. Sein Gesicht bleibt verschlossen und er selbst weiterhin in seiner unglücklichen Unnahbarkeit.

»Freude heißt die starke Feder in der ewigen Natur, Freude, Freude treibt die Räder in der großen Weltenuhr«, so sieht FRIEDRICH VON SCHILLER in einem Vers unser Leben, wenn es lebenswert sein soll. Und neuere Statistiken bestätigen es: Lebensfrohe Optimisten leben länger als zweifelnde Pessimisten.

Von Natur aus sind wir alle positiv eingestellt, zumindest soweit, daß wir das Positive suchen. Nicht leichtsinnige Amüsierlust, sondern der Wille, sich am Leben zu erfreuen, das Gute zu sehen und dankbar aufzunehmen, bedeutet echten Optimismus. Dazu gehört, daß wir die negative Grundeinstellung erkennen und überwinden. Der nächste Schritt ist das Aufeinanderzugehen. Viele Menschen sind nach Schicksalsschlägen nicht mehr in der Lage, diesen Weg zu gehen. Durch die Trauer und Verzweiflung scheint er wie versperrt. Aber der Mensch ist kein Einzel-, sondern ein Gemeinwesen. Die heute so verbreitete Isolierung, Einsamkeit und Gleichgültigkeit machen ihn krank. Jeder Mensch braucht Nähe, Wärme und Freundlichkeit. Der Trauernde ist so weltabgewandt geworden, weil ihm diese Dinge genommen wurden. Auch wenn der Mensch von uns ging, mit dem wir Freude erfahren durften, müssen wir versuchen, zunächst mit uns selbst und mit unserer Umwelt wieder ins reine zu kommen. Wie wir das Leben betrachten, spiegelt sich in unseren Augen und in unserem Wesen wider. Freude ist Ausdruck der Liebe zu allem, was uns umgibt, aber auch die Bereitschaft, sich verzaubern zu lassen.

Verschließen wir uns nicht länger vor den schönen Dingen des Lebens. Lächeln wir auch einmal anderen Menschen zu. Wir können schon mit unserer Haltung und Mimik freundliche Signale aussenden, die wahrscheinlich positiv beantwortet werden. Auf diese Weise entdecken wir Freude am Leben, die uns zum Optimisten werden läßt. Wenn wir den Schleier der Trauer zerreißen können, wird es uns gelingen, unserem Leben durch Freude wieder einen Sinn zu geben, denn auch die größte Trauer und der größte Schmerz müssen einmal ein Ende haben und dürfen uns nicht alles vorenthalten, was das Leben noch für uns bereit hat.

Anhang

Fragen für den Ernstfall

Was im voraus zu bedenken und zu regeln ist:

1. *Persönliche Unterlagen*
   An Dokumenten, die im Todesfall benötigt werden, sollte man bereitlegen: standesamtliche Geburtsurkunde, standesamtliche Heiratsurkunde oder Familienstammbuch, bei Verwitweten auch die Sterbeurkunde des bereits verstorbenen Ehepartners, bei Geschiedenen auch das Scheidungsurteil.

2. *Aufzeichnungen über die Vermögensverhältnisse*
   Dazu gehören neben Angaben über Haus-, Grund- und Geschäftsbesitz Aufstellungen über Bankkonten, Sparbücher, Wertpapiere, Bausparverträge, Versicherungen (wie Lebensversicherung), Wertgegenstände, Safes und ähnliches.

3. *Wer ist zu benachrichtigen?*
Eine Liste der Personen und Institutionen, die im Todesfall verständigt werden sollen, erleichtert es den Angehörigen, allen Pflichten, aber ebenso den Wünschen des Verstorbenen nachzukommen. Die Liste enthält Namen, Anschrift und Telefonnummer von Versicherungen (Lebensversicherung, Krankenversicherung, Berufsunfallversicherung, Rentenversicherung), Sterbekassen, Dienststellen, Vermietern, Vereinen, Testamentsvollstreckern, Verwandten und Freunden.

4. *Regelung der Bestattungskosten*
Um Angehörigen gegebenenfalls Kosten zu ersparen, empfiehlt sich die Vorsorge für alle Aufwendungen, die mit der Bestattung zusammenhängen: durch gesetzliche oder private Versicherungen oder durch ein Sparguthaben beziehungsweise sonstiges Vermögen (über das die Angehörigen durch eine über den Tod hinaus geltende Vollmacht verfügen können).

5. *Vorbereitungen und Wünsche zur Bestattung*
   a) Art der Bestattung:
   Erdbestattung (Bestimmung des Friedhofs und der Grabstelle)
   Feuerbestattung (Bestimmung des Kremato-

riums und des Ortes, an dem die Urne beigesetzt werden soll)

b) Wünsche hinsichtlich Sarg oder Urne

c) Öffentliche Aufbahrung: ja/nein

d) Umfang und Ablauf der Aussegnungs- und Beerdigungsfeier:
Kirchliche Trauerfeier
Ansprache(n)
Musik
Predigt
Trauerbilder, Trauerkarten
Kirchenschmuck
Sargschmuck

e) Vorschlag für die Abfassung der Traueranzeige (und der Todesanzeige in der Tageszeitung).

6. *Testament*

Mit dem Testament, der letztwilligen Verfügung, bestimmt der Erblasser das rechtliche Schicksal des Nachlasses. Voraussetzung für die Gültigkeit des Testaments ist, daß es persönlich erstellt wurde. Die beiden ordentlichen Testamentsformen sind das *eigenhändige Testament,* das vom Erblasser selbst geschrieben und unter Angabe von Ort und Datum unterzeichnet sein muß, und das *öffentliche Testament,* das ein Notar nach den mündlichen oder schriftlichen Angaben des Erblassers abfaßt.

Der Erblasser kann ein Testament jederzeit widerrufen, indem er es inhaltlich verändert oder vernichtet.
Testamente sind nach dem Tod des Erblassers sogleich dem zuständigen Nachlaßgericht zu übergeben.
(Einige Beispiele für Testamente finden Sie auf den folgenden Seiten.)

7. *Sterbegeld, Sonderansprüche, Steuerfragen*

Die Angabe von gesetzlichen oder privaten Versicherungen (wie Krankenversicherung und andere) wurde bereits erwähnt, sie ist auch wegen des Anspruchs auf Sterbegeld wesentlich. Darüber hinaus bedeutet es aber auch eine Hilfe für die Angehörigen, wenn sie über Sonderfälle informiert werden oder Hinweise dazu vorfinden. Zu den Sonderfällen zählen Beamte, Empfänger von Unterhaltshilfe, Mitglieder der Gewerkschaft, Kriegsopfer und Soldaten. Solchen Personen steht, meist unter gewissen Bedingungen, ein Sterbegeld oder Bestattungsgeld zu. (Bei Berufsunfällen übernimmt die Berufsgenossenschaft Teile der Bestattungskosten.)
Günstig ist es ebenfalls, über steuerliche Angelegenheiten Bescheid zu wissen. Betroffen sein können Einkommensteuer, Vermögenssteuer, Grundsteuer, Grunderwerbssteuer, Erbschaftssteuer, Ver-

mögensabgabe, Lohnsteuerjahresausgleich, Sparverträge (auch Bausparverträge) und bei Besitz eines Betriebes Umsatzsteuer und Gewerbesteuer.

8. *Sonstiges*
   Hinweise auf regelmäßige Zahlungen oder Verpflichtungen, die im Todesfall einzustellen sind (Daueraufträge, Abonnements und ähnliches).

Beispiele für Testamente

Wechselseitiges Testament kinderloser Ehegatten mit Einsetzung eines Schlußerben ohne Befreiung von Bindungen:
Wir setzen uns gegenseitig zu alleinigen Erben ein. Alleinerbin des Überlebenden von uns wird unsere Pflegetochter... Überlebt sie uns nicht, so werden Ersatzerben:... Der Wert unseres reinen Vermögens ist...

Gemeinschaftliches Testament kinder- und elternloser Ehegatten ohne Bindung des Überlebenden:
Verhandelt zu... am... Vor dem unterzeichneten Notar... erschienen, dem Notar persönlich bekannt und geschäfts- und testierfähig, die Eheleute..., um ein gemeinschaftliches Testament zu errichten. Sie erklärten mündlich ihren Letzten Willen wie folgt:

Wir setzen uns gegenseitig zu Alleinerben ein. Der Wert unseres reinen Vermögens ist . . .

Wechselbezügliches Testament kinderloser Ehegatten mit beschränkter Testierfähigkeit des Überlebenden:

1. Wir setzen uns gegenseitig zu Alleinerben ein.
2. Nach dem Tode des Zuletztsterbenden soll unser beiderseitiger Nachlaß an . . . fallen.
3. Der Überlebende kann dieses Testament hinsichtlich der Erbeinsetzung nicht ändern. Doch er kann Vermächtnisse bis zur Hälfte des reinen Wertes, den das beiderseitige Vermögen im Zeitpunkt des Todes des Erstversterbenden, berechnet nach Erbschaftssteuergrundsätzen, hatte, aussetzen und dem Schlußerben auch kleinere Auflagen machen.
4. Der Wert unseres reinen Vermögens ist . . .

Ehegatten setzen Kinder gemeinsam zu Erben ein und vermachen sich gegenseitig den Nießbrauch:

1. Erben eines jeden von uns sollen unsere Kinder . . . zu gleichen Teilen sein.
   Die Auseinandersetzung unter den Erben wird bis zur Beendigung des zu 2. vermachten Nießbrauchs ausgeschlossen.
2. Der Überlebende von uns erhält als Vermächtnis den Nießbrauch am Nachlaß des Erstversterbenden für seine Lebensdauer.
3. Wenn der Überlebende eine andere Ehe eingeht, erlischt das ihm eingeräumte Nießbrauchsrecht. Er

muß dann den in seiner Verwaltung gewesenen Nachlaß herausgeben. Auf den ihm zustehenden Pflichtteil hat er sich die aus dem Nießbrauch gezogenen Nutzungen anrechnen zu lassen.

4. Wenn ein Kind den Pflichtteil verlangt, so geht sein Erbteil auf die Miterben über, und es soll auch den überlebenden Elternteil nicht beerben, sondern auch aus dessen Nachlaß nur den Pflichtteil erhalten. Verlangen alle Kinder den Pflichtteil, soll der Überlebende von uns alleiniger Erbe ohne Beschränkung sein.

Berliner Testament: Erschwerung des Pflichtteilsverlangens der Kinder:

1. Wir setzen uns gegenseitig zu Erben ein. Erben des Längstlebenden von uns werden unsere Kinder ... zu gleichen Teilen.
2. Wenn eines unserer Kinder von dem Nachlaß des Erstversterbenden von uns den Pflichtteil fordern sollte, so soll gelten: Die Kinder, die den Pflichtteil nicht verlangen, sollen aus dem Nachlaß des Erstversterbenden ein Vermächtnis erhalten, das für jedes Kind so groß sein soll, wie dessen Erbanteil bei gesetzlicher Erbfolge und Übernahme der Pflichtteilslast auf die Kinder sein würde. Die Vermächtnisse sollen sofort beim Tode des Erstversterbenden anfallen, aber erst beim Tode des Letztlebenden ausgezahlt werden.

3. Sollten alle Kinder den Pflichtteil verlangen, so sollen die Unterschiede zwischen dem Werte der gesetzlichen Erbteile aller Kinder und den Pflichtteilen als Vermächtnisse aus dem Nachlaß des Erstversterbenden an unsere Neffen und Nichten ... fallen. Auch hier soll der Anfall beim Tod des Erstversterbenden, die Auszahlung aber erst nach dem Tode des Letztlebenden erfolgen.
4. Das Kind, das den Pflichtteil verlangt, soll auch vom Nachlaß des Überlebenden nur den Pflichtteil erhalten. Über das hierdurch freiwerdende Vermögen darf der Überlebende frei von Todes wegen verfügen.

Worte, die trösten

Eins und Alles

Im Grenzenlosen sich zu finden,
Wird gern der einzelne verschwinden,
Da löst sich aller Überdruß;
Statt heißem Wünschen, wildem Wollen,
Statt lästgem Fordern, strengem Sollen
Sich aufzugeben ist Genuß.

Weltseele, komm, uns zu durchdringen!
Dann mit dem Weltgeist selbst zu ringen,
Wird unsrer Kräfte Hochberuf.
Teilnehmend führen gute Geister,
Gelinde leitend höchste Meister
Zu dem, der alles schafft und schuf.

Und umzuschaffen das Geschaffne,
Damit sichs nicht zum Starren waffne,
Wirkt ewiges, lebendiges Tun.
Und was nicht war, nun will es werden
Zu reinen Sonnen, farbgen Erden;
In keinem Falle darf es ruhn.

Es soll sich regen, schaffend handeln,
Erst sich gestalten, dann verwandeln;
Nur scheinbar stehts Momente still.
Das Ewige regt sich fort in allen:
Denn alles muß in Nichts zerfallen,
Wenn es im Sein beharren will.

Johann Wolfgang von Goethe

Gang zum Friedhof

Geh einmal wieder hinaus zu den Toten! Wähle zum Besuch nicht eine Abendstunde, denn die Ruhe, die im Abend und im abendlichen Verweilen inmitten der Toten liegt, ist oft nicht weit von einer gewissen Überspanntheit... Nein, geh zeitig am Vormittag hinaus, wenn die Morgensonne zwischen den Zweigen durchschaut, wenn das Zwitschern der Vögel und das bunte Leben draußen dich fast vergessen läßt, daß du unter den Toten weilst... Hier außen nämlich ist erreicht, was im Leben vergebens angestrebt ist: die gleiche Verteilung. Jede Familie hat ein kleines Stück Land für sich, ungefähr gleich groß. Die Aussicht ist ungefähr für alle gleich: die Sonne kann gleichmäßig über alle hinscheinen; kein Bau erhebt sich so hoch, daß er dem Nachbar oder seinem Gegenüber den Sonnenstrahl oder des Regens Erquickung oder den frischen Luftzug des Windes oder den Widerhall des Vogelsangs wegnähme. Doch auch eine kleine Ungleichheit kann da sein, vielleicht ein paar Schuh Land betragend, oder daß die Familie einen Baum besitzt, was der andre Bewohner nicht hat. Warum ist wohl diese Ungleichheit da? Tiefsinnig scherzend will dich ihre Kleinheit daran erinnern, wie groß die Ungleichheit war; hier kannst du sehen, was der Unterschied ausmacht: einen halben Schuh ... Sieh, hier ist der Ort, um über das Leben nachzudenken.

Sören Kierkegaard

Wenn alles eben käme,
Wie du gewollt es hast,
Und Gott dir gar nichts nähme
Und gäb' dir keine Last,
Wie wär's da um dein Sterben,
Du Menschenkind, bestellt?
Du müßtest fast verderben,
So lieb wär' dir die Welt.

Nun fällt – eins nach dem andern –
Manch süßes Band dir ab,
Und heiter kannst du wandern
Gen Himmel durch das Grab;
Dein Zagen ist gebrochen,
Und deine Seele hofft –
Dies war schon oft gesprochen,
Doch spricht man's nie zu oft.

FRIEDRICH DE LA MOTTE-FOUQUÉ

Wiedergeburt

Wer nicht will, wird nie zunichte,
Kehrt beständig wieder heim.
Frisch herauf zum alten Lichte
Dringt der neue Lebenskeim.

Keiner fürchte zu versinken,
Der ins tiefe Dunkel fährt.
Tausend Möglichkeiten winken
Ihm, der gerne wiederkehrt.

Dennoch seh' ich dich ergeben,
Eh du in die Urne langst.
Weil dir bange vor dem Leben,
Hast du vor dem Tode Angst.

WILHELM BUSCH

Kein Grübeln des Gehirns, kein Experiment der Spiritisten, kann Aufschluß geben über den Zustand der Abgeschiedenen. Das Tor ist zu fest. Vergebens, solange wir in dem Zwange der Zeit und des Raumes leben, rütteln wir dran, um einen Blick in das Jenseits zu tun.

Und den Verlust, wie ertragen wir ihn?

Der eine, indem er in Zerstreuung sich stürzt, verliert drin das Beste, was ihm noch übrig blieb.

Ein anderer meint, er hätt's nicht verdient, wird grämlich, wird unzufrieden mit sich und der Welt.

Die Edleren dagegen vertiefen sich, finden Trost in der Schrift, und da ihre Toten, außer treuem Gedenken, nichts mehr bedürfen hienieden, so wird tätige Liebe frei.

Aber die Überlieferung, sagst Du, ist unzuverlässig. Ganz Recht! Und doch, ich bin überzeugt, daß gewisse heilige Worte unverändert von Mund zu Mund durch die Jahrhunderte kommen. Sie dringen noch heut an die Herzen, als ob sie eben gesprochen wären. – Das ist mir genug. Mir. - Wer Lust hat zu zweifeln, mag sehn, wie er fertig wird ...

Wilhelm Busch
(an Nanda Keßler)

Wenn ich sterbe

Legt rote Rosen mir um meine Stirne,
im Festgewande will ich von euch gehn,
und stoßt die Fenster auf, daß die Gestirne
mit heiterm Lächeln auf mein Lager sehn.

Und dann Musik! Und während Lieder schallen,
von Hand zu Hand der Abschiedsbecher blinkt,
mag mählich über mich der Vorhang fallen,
wie Sommernacht auf reife Felder sinkt.

GUSTAV FALKE

Bei dem Grabe meines Vaters

Friede sei um diesen Grabstein her!
Sanfter Friede Gottes! Ach, sie haben
Einen guten Mann begraben,
Und mir war er mehr;

Träufte mir von Segen, dieser Mann,
Wie ein milder Stern aus bessern Welten!
Und ich kann's ihm nicht vergelten,
Was er mir getan.

Er entschlief; sie gruben ihn hier ein.
Leiser, süßer Trost, von Gott gegeben,
Und ein Ahnden von dem ew'gen Leben
Düft' um sein Gebein!

Bis ihn Jesus Christus, groß und hehr!
Freundlich wird erwecken – ach, sie haben
Einen guten Mann begraben,
Und mir war er mehr.

MATTHIAS CLAUDIUS

Ich bin ein Gast auf Erden und hab hier keinen Stand;
der Himmel soll mir werden, da ist mein Vaterland.
Hier reif ich aus und abe; dort in der ew'gen Ruh
ist Gottes Gnadengabe, die schleußt all Arbeit zu.

Was ist mein ganzes Wesen von meiner Jugend an,
als Müh' und Not gewesen? So lang ich denken kann,
hab ich so manchen Morgen, so manche liebe Nacht
mit Kummer und mit Sorgen des Herzens zugebracht.

Mich hat auf meinen Wegen manch harter Sturm erschreckt;
Blitz, Donner, Wind und Regen hat mir manch Angst erweckt.
Verfolgung, Haß und Neiden, ob ich's gleich nicht verschuldt,
hab ich doch müssen leiden und tragen mit Geduld.

So will ich zwar nun treiben mein Leben durch die Welt,
doch denk ich nicht zu bleiben in diesem fremden Zelt.
Ich wand're meine Straße, die zu der Heimat führt,
da mich ohn alle Maßen mein Vater trösten wird.

Mein Heimat ist dort droben, wo aller Engel Schar
den großen Herrscher loben, der alles ganz und gar
in seinen Händen träget und für und für erhält,
auch alles hebt und leget, nachdem's ihm wohl gefällt.

Zu dem steht mein Verlangen, da wollt ich gerne hin;
Die Welt bin ich durchgangen, daß ich's fast müde bin.
Je länger ich hier walle, je wen'ger find ich Lust.
Die meinem Geist gefalle, das meist ist Stank und Wust.

Da will ich immer wohnen und nicht nur als ein Gast,
bei denen, die mit Kronen du ausgeschmücket hast.
Da will ich herrlich singen von deinem großen Tun, und
frei von schnöden Dingen in meinem Erbteil ruhn.

PAUL GERHARDT

Ich hab mein Sach Gott heimgestellt,
er machs mit mir, wie's ihm gefällt.
Soll ich allhier noch länger lebn,
ohn Widerstrebn
sein'm Willen tu ich mich ergebn.

Mein Zeit und Stund ist, wann Gott will;
ich schreib ihm nicht vor Maß noch Ziel.
Es sind gezählt all Härlein mein,
beid, groß und klein;
fällt keines ohn den Willen sein.

Es ist allhier ein Jammertal,
Angst, Not und Trübsal überall;
des Bleibens ist ein kleine Zeit
voll Müh und Leid,
und wers bedenkt, ist stets im Streit.

Es hilft kein Reichtum, Geld noch Gut,
kein Kunst noch Gunst noch stolzer Mut;
für 'n Tod kein Kraut gewachsen ist;
mein frommer Christ,
alles, was lebet, sterblich ist.

Heut sind wir frisch, gesund und stark
und liegen morgen tot im Sarg;
heut blühen wir wie Rosen rot,
bald krank und tot;
ist allenthalben Müh und Not.

Man trägt eins nach dem andern hin,
wohl aus den Augen, aus dem Sinn;
die Welt vergisset unser bald,

ob jung, ob alt,
auch unsrer Ehren mannigfalt.

Ach Herr, lehr uns bedenken wohl,
daß wir sind sterblich all zumal,
auch wir allhier kein Bleibens han,
müssn all davon,
gelehrt, reich, jung, alt oder schön.

Das macht die Sünd, du treuer Gott,
dadurch ist komm'n der bittre Tod,
der nimmt und frißt all Menschenkind,
wie er sie findt,
fragt nicht, wes Stands und Ehrn sie sind.

Ich hab hier wenig guter Tag,
mein täglich Brot ist Müh und Klag.
Wann mein Gott will, so will ich mit
hinfahrn in Fried;
Tod ist Gewinn und schadt mir nit.

Und ob mich schon mein Sünd anficht,
dennoch will ich verzagen nicht;
ich weiß, daß mein getreuer Gott
für mich in' Tod
sein' liebsten Sohn gegeben hat.

Das ist mein Trost zu aller Zeit
in allem Kreuz und Traurigkeit:
Ich weiß, daß ich am Jüngsten Tag
ohn alle Klag
werd auferstehn aus meinem Grab.

(Geistliches Lied, Frankfurt 1589)

O Welt, ich muß dich lassen,
ich fahr dahin mein Straßen
ins ewig Vaterland.
Mein' Geist will ich aufgeben,
dazu mein' Leib und Leben
setzen in Gottes gnäd'ge Hand.

Mein Zeit ist nun vollendet,
der Tod das Leben endet,
sterben ist mein Gewinn;
kein Bleiben ist auf Erden;
das Ew'ge muß mir werden,
mit Fried und Freud ich fahr dahin.

Auf Gott steht mein Vertrauen,
sein Antlitz will ich schauen
wahrlich durch Jesum Christ;
der für mich ist gestorben,
des Vaters Huld erworben,
mein Mittler er auch worden ist.

Die Sünd mag mir nicht schaden,
erlöst bin ich aus Gnaden
umsonst durch Christi Blut.
Kein Werk kommt mir zu Frommen;
so will ich zu ihm kommen
allein durch christlich' Glauben gut.

Ich bin ein unnütz Knechte,
mein Tun ist viel zu schlechte,
denn daß ich ihm bezahl
damit das ewig Leben;
umsonst will er mirs geben

und nicht nach mein'm Verdienst und Wahl.

Drauf will ich fröhlich sterben,
das Himmelreich erwerben,
wie er mirs hat bereit';
hier mag ich nicht mehr bleiben,
der Tod tut mich vertreiben,
mein Seele sich vom Leibe scheidt.

Damit fahr ich von hinnen.
O Welt, tu dich besinnen,
denn du mußt auch hernach;
tu dich zu Gott bekehren
und von ihm Gnad begehren,
im Glauben sei du auch nicht schwach.

Die Zeit ist schon vorhanden,
hör auf von Sünd und Schanden
und richt dich auf die Bahn
mit Beten und mit Wachen;
sonst all irdische Sachen
sollst du gutwillig geben dran.

Das schenk ich dir am Ende:
ade, zu Gott dich wende!
Zu ihm steht mein Begehr.
Hüt dich vor Pein und Schmerzen,
nimm mein' Abschied zu Herzen.
Meins Bleibens ist jetzt hier nicht mehr.

(Geistliches Lied, Nürnberg 1555)